William Quan Judge

Das Meer der Theosophie

Eine umfassende Einführung in die Lehren der Theosophie

William Quan Judge
Das Meer der Theosophie

6. Auflage 2010
ISBN 978-3-924849-61-0 (Paperback-Ausgabe)
ISBN 978-3-924849-62-7 (Hardcover-Ausgabe)

Titel der Originalausgabe:
The Ocean of Theosophy
First Edition, 1893, New York, USA

Autorisierte Übersetzung der englischen Originalausgabe, revidierte Ausgabe
Bearbeitung: Hermann Knoblauch, Bärbel Ackermann

Design, Satz, Umschlag: Matthias Winter
Umschlagbild: © Abstractus Designus – Fotolia.com
Herstellung: Books on Demand GmbH, Norderstedt
Printed in Germany

Verlag Esoterische Philosophie GmbH, Hannover
www.Esoterische-Philosophie.de

Verlag
Esoterische Philosophie

William Quan Judge

Das Meer der Theosophie

Der unsterbliche Mensch in Raum und Zeit

Zum Gedenken
an unseren langjährigen Leiter
in großer Dankbarkeit

Sein Wunsch, dieses Buch als
überarbeitete Neuauflage für den
deutschsprachigen Leser herauszugeben,
war uns ein Herzensanliegen.

Hermann Knoblauch
(1908–2000)

Nationaler Deutscher Leiter, Hannover,
der Theosophischen Gesellschaft
Point Loma – Covina von 1964 bis 2000.
Direkte Nachfolge der amerikanischen
Gründungsgesellschaft von 1875, New York, USA.

Inhalt

Vorwort des Verfassers

Auf den Seiten dieses Buches wurde der Versuch unternommen, Theosophie so zu beschreiben, dass sie für jeden Leser verständlich ist. Es enthält kühne Darlegungen, die sich aus dem Wissen des Schreibers ergeben. Der Ton gefestigter Überzeugung, der in den verschiedenen Kapiteln erklingen dürfte, entspringt nicht der Absicht, zu dogmatisieren, vielmehr entspringt er Erkenntnissen, die auf Erfahrung und Beweis gegründet sind.

Mitglieder der Theosophischen Gesellschaft werden bemerken, dass im Rahmen dieses Buches bestimmte Lehren nicht behandelt wurden. So zum Beispiel konnte nicht auf den Willen eingegangen werden, da die Kraft oder die Fähigkeit des Willens zu verborgen, zu subtil, zu unentdeckbar hinsichtlich ihrer Essenz ist, sodass sie nur an ihrer Wirkung erkennbar ist. Da die Kraft des Willens absolut farblos ist, ändert sich ihr moralischer Wert je nach dem dahinterliegenden Verlangen. Häufig wirkt sie auch ohne unser Wissen, zudem ist sie in all den untermenschlichen Naturreichen wirksam. Mit dem Versuch, die absolut farblose Kraft des Willens in ein einführendes Studium von Geist und Materie einzubinden, wäre daher in diesem Rahmen wenig gewonnen.

Der Verfasser dieses Buches erhebt keinen Anspruch auf Originalität. Er hat weder etwas erfunden noch etwas selbst entdeckt, sondern lediglich das niedergeschrieben, was ihm gelehrt und bewiesen wurde. Daher beinhaltet das Buch nur die Weitergabe von bereits vorher bekanntem Wissen.

William Q. Judge
New York, Oktober 1893

Vorwort des deutschen Herausgebers

Schon allein der Titel dieses Buches, „Das Meer der Theosophie", hat eine große Aussagekraft. Mit einem Meer verbinden wir Weite, die Unendlichkeit schlechthin. Und in der Tat, „Theosophie ist jenes Meer des Wissens, das sich von Küste zu Küste der Evolution aller fühlenden Wesen ausbreitet. Unergründlich in seinen tiefsten Teilen, gibt es den mächtigsten Gemütern ihre vollste Entfaltungsmöglichkeit und ist dennoch an seinen Küsten flach genug, um den Verstand eines Kindes nicht zu überwältigen."

In dieses Meer der Unendlichkeit ist unser Leben eingebettet, wir können es nie verlassen! Diese Unendlichkeit mit unseren sterblichen Sinnen erfassen zu wollen, erscheint fast unmöglich. Und doch ist der menschliche Geist in der Lage, grundlegende Naturgesetze zu erfassen, sie als ein zusammenhängendes Ganzes zu erkennen. Denn die Natur wirkt stets innerhalb derselben Gesetzmäßigkeiten. Analog zur Natur ändern sich die Lehren der Theosophie nicht. Sie bleiben immer dieselben, ob auf den Kosmos angewandt oder bezogen auf unsere irdische Sphäre, unsere Erde.

Der Verfasser dieses Buches, William Quan Judge, verstand es wie kein anderer, die tiefgehendsten Lebensvorgänge in ihrer ganzen Komplexität zusammenzufassen und dennoch verständlich zu bleiben. Das macht es dem Leser leicht, in die evolutionären Lebensvorgänge einzudringen, und spornt an, mehr über unser Leben zu erfahren. Daher wird das „Meer" weltweit auch als „Klassiker" für den Einstieg in die faszinierende Welt der Theosophie bezeichnet.

Die Lehren der Theosophie bestehen unveränderbar seit Menschengedenken. Sie können sich nicht verändern, weil sie die mannigfaltigen Facetten der Naturvorgänge wiedergeben. Was sich von Jahrhundert zu Jahrhundert, von Kultur zu Kultur verändert, sind lediglich die Art der Darlegung und die stilistische Ausdrucksweise. Daher haben wir uns auch entschlossen, eine Bearbeitung des Buches vorzunehmen, die es dem Leser ermöglicht, leichter und zeitgemäß in die Zusammenhänge von Mensch, Natur und Kosmos einzudringen. Der Bogen spannt sich dabei von allgemeinen geschichtlichen Prinzipien und der planetarischen Evolution über die Astralbereiche, die Prinzipien des Menschen, Reinkarnation und Karman, nachtodliche Zustände und Zyklen bis hin zur Trennung der Arten, zum „missing link", das bis heute der Wissenschaft ein Rätsel geblieben ist. Dann geht Judge auf die damaligen Spiritisten ein, die dem krassen Materialismus seiner Zeit als Gegenpol äußerst vehement gegenüberstanden. Heute wird weniger von Spiritismus gesprochen, doch die psychischen Praktiken stehen ihm an Subtilität keineswegs nach. Daher ist die geschichtliche Entwicklung der heutigen Esoterik äußerst interessant und zeigt auf vielen Gebieten, wie aus Unkenntnis die sehr realen Kräfte der Natur für Praktiken aller Art missbraucht werden können. Auch hier zeigt Judge Zusammenhänge auf, die in dieser Offenheit nirgendwo sonst nachzulesen sind. In diesem Sinne warnt Judge vor psychischen Praktiken, deren subtile und äußerst schädliche Auswirkungen sowohl physisch als auch psychisch noch viel zu wenig erkannt werden.

Zur Ergänzung des Kapitels „Karman" (Kapitel 11) veröffentlichen wir erstmals in deutscher Sprache im Anhang die „Aphorismen über Karman". Ihre Bedeutung für menschliches Denken und Handeln ist unschätzbar, denn unser Leben ist das Resultat dieses unausweichlichen Naturgesetzes. Ursache und Wirkung im ewigen Wechsel von Geburt und Wiedergeburt sind die mächtigen Antriebskräfte im Schicksalsgewebe unserer Evolution. Daher hielten wir es für angebracht, die „Aphorismen über Karman" im Anhang dieses Buches wiederzugeben, und so für die Öffentlichkeit zu bewahren. Ihre tiefe Bedeutung wird von jenen erkannt werden, die für die verborgenen Realitäten unseres Daseins aufnahmebereit sind. Sie werden in ihnen unverzichtbare Wegweiser für ihr Leben finden. In der Erkenntnis der unabwendbaren Gerechtigkeit, die Karman in sich birgt, werden Hoffnung und Trost zugleich ihre ständigen Begleiter sein.

Die „Aphorismen über Karman" sind ein kulturhistorisches Dokument, das in dieser Ausführlichkeit nicht seinesgleichen hat. Zeitlos und menschlicher Ignoranz trotzend, wurden sie jenen gegeben, die Wahrheit um der Wahrheit Willen lieben und diese Wahrheit für das höchste Gut auf Erden erachten.

Zusammenfassend kann gesagt werden, dass Judge einen sehr komplexen Einblick in unser Dasein gibt, in unsere Unsterblichkeit in Raum und Zeit. Er weckt den Wunsch, mehr über unser Leben zu erfahren. In einer ruhelosen Zeit gibt er Orientierung, die mit Hoffnung und Zuversicht erfüllt.

Hannover, 2010
Bärbel Ackermann

William Quan Judge

William Quan Judge, ein Sohn von Alice Mary und Frederik H. Judge wurde am 13. April 1851 in Dublin, Irland, geboren. Seine Mutter starb schon in seiner frühesten Jugend bei der Geburt ihres siebenten Kindes. Bis zu seinem 13. Lebensjahr wuchs er in Dublin auf, dann wanderte sein Vater mit den mutterlosen Kindern nach Amerika aus; am 14. Juli 1864 trafen sie in New York ein. Hier studierte Judge später Rechtswissenschaften; im April 1872 erwarb er die Staatsangehörigkeit der Vereinigten Staaten.

Die erste Begegnung mit H. P. Blavatsky fand 1874 in New York statt. Wenig später, am 17. November 1875, gründete er auf Anraten von H. P. Blavatsky zusammen mit H. S. Olcott und einigen anderen die Theosophische Gesellschaft.

Durch besondere Umstände war Judge mit der indisch-asiatischen Denkweise sehr vertraut. Die von ihm übersetzte „Bhagavad-Gîtâ" gilt als die beste sinngemäße Übersetzung für europäisches Denken, die er mit den „Studien über die Bhagavad-Gîtâ" meisterhaft erläuterte. Seine Werke sind jedem Studierenden eine unschätzbare Hilfe und stellen eine einmalig dastehende Einführung in das indisch-asiatische Gedankengut und damit auch in die „Esoterische Philosophie" dar.

Das tiefe Wissen Judges um die inneren Zusammenhänge des Seins erklärt seine eigentliche Herkunft, die nicht in diesem Leben zu suchen ist. Seine Bedeutung erstrahlt in diesem Licht all jenen Theosophen in der Welt, die in den Schwierigkeiten der Gründerzeit die Geburtswehen einer neuen Zeit sehen und in den Werken Judges jenen Genius erkennen, der die „Kette" ungebrochen hielt.

Als H. P. Blavatsky im Dezember 1878 Amerika verließ, um in Indien die Theosophie bekannt zu machen, übergab sie Judge die Führung des Hauptquartiers in Amerika. Ihm ist es zu verdanken, dass die

Quelle spirituellen Wissens in Amerika nicht versiegte und in ihrer Reinheit an die Nachfolger Katherine Tingley (1896) und Prof. Dr. Gottfried von Purucker (1929) weitergereicht werden konnte. Als H. P. Blavatsky ihre Arbeit in Indien im Jahre 1887 beendete und nach Europa zurückkehrte, war das von Judge geführte Hauptquartier in Amerika trotz aller Anfangsschwierigkeiten in sich gefestigt.

Judge verstand es, die verborgenen Tiefen einer zeitalteralten Weisheit an ihrer Wurzel zu benennen. Doch er war ebenso bemüht, Theosophie in einfacher Sprache jedem nach Wahrheit Suchenden verständlich zu machen. Darüber hinaus unterhielt Judge einen enormen Schriftwechsel, der sich nach allen Seiten hin erstreckte und zu einem großen Teil in weiterer Buchform wiedergegeben wurde. Seine weitreichenden schriftlichen Kontakte trugen nicht zuletzt zur Festigung der Theosophie weit über die Grenzen Amerikas hinaus bei.

Wenn auch der Lebensweg von Judge in dieser Inkarnation nur einem kurzen Aufleuchten glich, so hinterließ er doch bleibende Eindrücke, die besonders das europäische Denken beeinflussen. Schon im frühen Alter von 45 Jahren verließ er diesen Körper am 21. März 1896 in New York. Seine Werke aber sind in die klassische Theosophie eingegangen.

Titel von W. Q. Judge in unserem Verlagsprogramm:

- Die Bhagavad-Gîtâ
- Studien über die Bhagavad-Gîtâ
- Das Meer der Theosophie

William Quan Judge
(1851 – 1896)

Mitbegründer der Theosophischen Gesellschaft.
Die Büste wurde von August Lindström modelliert und auf dem Konvent der Theosophischen Gesellschaft in Amerika am 26. – 27.04.1896 in New York enthüllt.

1. Kapitel

Theosophie und die Mahâtmans

Theosophie ist jenes Meer des Wissens, das sich von Küste zu Küste der Evolution aller fühlenden Wesen ausbreitet. Unergründlich in seinen tiefsten Teilen, gibt es den mächtigsten Gemütern ihre vollste Entfaltungsmöglichkeit und ist dennoch an seinen Küsten flach genug, um den Verstand eines Kindes nicht zu überwältigen. Theosophie ist die Weisheit über die Gottheit für jene, die glauben, dass in der Gottheit alle Dinge sind und die Gottheit in allen Dingen ist; und sie ist Weisheit über die Natur für jene, die sich zu der Darlegung in der christlichen Bibel bekennen, die besagt, dass die Gottheit weder gemessen noch entdeckt werden kann und dass sich Finsternis um ihr Gezelt lagert. Obwohl Theosophie durch Ableitung des griechischen Wortes als „Weisheit der Götter" interpretiert wird und beim ersten Anschein nur von Religion zu handeln scheint, vernachlässigt sie doch die Wissenschaft nicht, denn sie ist die Wissenschaft der Wissenschaften und wird daher auch Weisheitsreligion genannt. So ist keine Wissenschaft vollständig, die irgendeine Abteilung der Natur auslässt, sei diese sichtbar oder unsichtbar; und jede Religion, die sich lediglich auf eine angenommene Offenbarung stützt und die sich von der Natur und den sie regierenden Gesetzen abwendet, schränkt den Fortschritt auf dem evolutionären Weg des Menschen zu wahrer Erkenntnis des Lebens ein. Indem Theosophie sowohl das Wissenschaftliche als auch das Religiöse einbezieht, ist sie eine wissenschaftliche Religion und eine religiöse Wissenschaft.

Theosophie ist kein von Menschen erfundener oder formulierter Glaube, und sie enthält keine Dogmen. Sie ist vielmehr die Kenntnis der Gesetze, die die Evolution der physischen, astralen, psychischen und intellektuellen Bereiche der Natur und des Menschen regieren. Religion beruht heute zum großen Teil auf Dogmen, denen wissenschaftliche Begründungen weitgehend fehlen. Heutige Wissenschaft hingegen ignoriert noch immer das „Unsichtbare"*. Weil sie das Vorhandensein eines vollständigen Gefüges von inneren Fähigkeiten der Wahrnehmung im Menschen nicht anerkennt, ist sie von den unermesslichen Erfahrungen abgeschnitten, die innerhalb der sichtbaren und physisch erfassbaren Welten liegen. Da Theosophie aber lehrt, dass das Ganze aus dem Sichtbaren und dem Unsichtbaren besteht und die äußeren Erscheinungsformen nur vorübergehend existieren, schließt sie die inneren und die äußeren Tatsachen der Natur mit ein. Daher ist sie in sich selbst vollständig. Sie sieht nirgends ein unlösbares Geheimnis, streicht das Wort Zufall aus ihrem Wortschatz und erkennt die Herrschaft der universal wirkenden Naturgesetze an, die in jedem Lebewesen und in allen Umständen und Ereignissen ihren Ausdruck finden.

Die allgemeine Ansicht ist, dass der Mensch eine unsterbliche Seele hat. Dem fügt aber die Theosophie hinzu, dass der Mensch eine Seele ist und dass ferner die gesamte Natur beseelt und belebt ist; dass die ungeheure Menge von Lebewesen einschließlich des Menschen nicht nur zufällige Atomanhäufungen sind, die von keinem Evolutionsgesetz geführt werden, sondern dass bis zum kleinsten Atom alles beseelt und Geist ist und sich fortwährend alle Lebewesen unter der Herrschaft des „Gesetzes" entfalten, das dem großen Kosmos innewohnt. Und ebenso wie die Alten lehrt auch die Theosophie, dass der gesamte Verlauf der Evolution das Drama der Seele einschließlich ihres Egos ist und dass die Natur nur zu dem Zweck existiert, der Seele die nötige Erfahrung zu verschaffen. Der Theosoph stimmt mit Professor Huxley in der Behauptung überein, dass es im Universum Wesenheiten geben muss, deren Intelligenz und Kräfte so weit über den unsrigen stehen, wie unsere eigenen die der Küchenschabe überragen; und dass diese hohen, mächtigen Intelligenzen einen sehr tätigen Anteil an dem Wirken der natürlichen Ordnung der Dinge haben. Diese Intelligenzen waren einmal Menschen, die gleich uns von anderen, früheren Welten kamen, in denen ebenso mannigfache Erfahrungen

---

* Bzw. Unmessbare (d. Ü.).

gemacht werden konnten, wie es auf dem gegenwärtigen Erdplaneten möglich ist. Daher treten wir nicht zum ersten Mal auf, wenn wir auf dieser Erde erscheinen, sondern wir haben schon eine lange, unermessliche Laufbahn auf anderen Planetenketten hinter uns, auf denen wir lernten, Erfahrungen sammelten und zu Erkenntnissen gelangten. Einige Planetenketten sind untergegangen, lange bevor sich unser Sonnensystem verdichtete. Dieser ungeheure Umfang des Evolutionsprozesses besagt also, dass unser Planet, auf dem wir jetzt leben, das Resultat der Tätigkeit und der Evolution eines anderen Planeten ist, der vor langer Zeit starb, und dass seine Kräfte dem Aufbau der Erde dienten; dass die Bewohner der Erde ihrerseits von einer älteren Welt kamen, um hier ihrer Bestimmung gemäß mit dem Wirken in der Materie fortzufahren. Die leuchtenden Planeten, wie zum Beispiel die Venus, sind der Wohnsitz noch weiter fortgeschrittener Wesen, die einmal ebenso tief standen wie wir, sich aber emporgerungen haben zu einem Höhepunkt der Glorie, der für unseren Verstand gänzlich unfassbar ist.

Das intelligenteste Wesen im Universum – der Mensch – ist daher nie ohne einen Freund gewesen, denn es gibt eine Linie von Älteren Brüdern, die beständig über die Entwicklung der weniger Fortgeschrittenen wachen. Sie bewahren das in Äonen durch Prüfungen und Erfahrungen erworbene Wissen. Ständig suchen sie nach Möglichkeiten, die sich entfaltende Intelligenz der Rassen auf diesem oder anderen Planeten für die großen Wahrheiten zu öffnen und sie über das wahre Ziel der Seele zu belehren. Diese Älteren Brüder bewahren auch das Wissen, das sie über die Natur in allen ihren Bereichen erworben haben. Sie halten sich bereit, es zum Wohl der Menschheit anzuwenden, sobald das zyklische Gesetz es erlaubt. Stets haben sie als eine Körperschaft bestanden, in der ein Mitglied das andere kannte, und ganz gleich, in welchen Erdteilen sie auch leben, sie alle wirken für die Menschheit auf vielfältige Art. Es gibt Zeiten, in denen sie den Völkern gut bekannt sind und sich unter den Menschen bewegen, wann immer die Gesellschaftsstruktur sowie der moralische und geistige Entwicklungsstand der Völker es ermöglichen. Es gibt aber auch Zeiten, in denen ihr öffentliches Auftreten Aufsehen erregen würde, in denen sie von einem Teil des Volkes als Götter verehrt und von einem anderen als Teufel verfolgt würden. In jenen glücklichen Zeiten, in denen sie öffentlich erscheinen, sind einige von ihnen Herrscher über Völker, andere Lehrer, einige treten als Philosophen auf, während sich viele andere stets im Hintergrund halten und nur den Fortgeschrittensten der Körperschaft bekannt sind.

Bei dem jetzigen Stand unserer Zivilisation, die fast ausschließlich auf Geld, Ruhmsucht, Ehrgeiz und Persönlichkeitskult gegründet ist, würde ein öffentliches Auftreten ihren Absichten direkt zuwiderlaufen. Denn unser Zeitalter ist eine „Zeit des Übergangs", in der jedes philosophische System sowie Wissenschaft und Religion, Staat und Gesellschaft im Wandel begriffen sind. Während dieser Zeit bereiten sich die Gemüter der Menschen auf den Übergang zu Verhältnissen vor, die es dem menschlichen Geschlecht ermöglichen werden, einen Punkt, eine Stufe in seiner Entwicklung zu erreichen, an der es auch den Älteren Brüdern möglich ist, sichtbar unter die Menschen zu treten. Sie können wahrlich die Fackelträger der Wahrheit durch den Lauf der Zeiten genannt werden. Sie erforschen alle Dinge und Wesen; sie wissen, was der Mensch seiner innersten Natur nach ist, welche Kräfte und Fähigkeiten er besitzt und was seine Bestimmung ist. Sie kennen seinen Zustand vor der Geburt und auch die Zustände, in die er nach dem Tode seines Körpers eingeht. Sie haben an der Wiege von Nationen gestanden und die ungeheuren Leistungen von Völkern gesehen, die in grauer Vorzeit gelebt haben. Trauernd waren sie Zeugen des Unterganges jener Völker, denen die Kraft fehlte, dem zyklischen Gesetz von Aufstieg und Niedergang standzuhalten. Und während es schien, als hätten verheerende Naturereignisse alle damalige Kunst, Architektur, Religion und Wissenschaft gänzlich vernichtet, haben sie Aufzeichnungen darüber aufbewahrt, an Orten, an denen sie sowohl vor menschlicher Zerstörungswut als auch vor dem Zahn der Zeit gut behütet sind. Geschulte Seher aus ihren Reihen haben die unsichtbaren Bereiche der Natur und des Geistes genau erforscht und die Ergebnisse ihrer Untersuchungen aufgezeichnet und wohl verwahrt. Sie haben die Geheimnisse des Tones und der Farben ergründet und gemeistert. Diese Kenntnis allein macht einen Verkehr mit den Elementalen möglich, die hinter dem Schleier der Erscheinungen wirken. Ihre größte Errungenschaft aber – und dies setzt die Kenntnis der innersten Wirkungsweisen der Natur voraus – ist ihr Wissen über die geheimen Zeiteinteilungen und über die Bedeutung und Dauer der Zyklen.

Das zyklische Gesetz bedingt, dass während einer finsteren Periode in der Geschichte des Geistes die wahre Philosophie für eine Zeit lang verschwindet. Dasselbe Gesetz verursacht jedoch auch ihr Wiedererscheinen – so sicher, wie die Sonne täglich aufgeht und das menschliche Gemüt gegenwärtig ist, um dies wahrzunehmen. Aber – einige Werke können nur von den Meistern ausgeführt werden, während für andere die Hilfe der Gesellen nötig ist. Es ist die Aufgabe der Meister, die wahre Philosophie zu bewahren, doch die Hilfe ihrer Mitarbeiter ist nötig, um sie wieder aufzufinden und zu verbreiten. Wieder einmal haben die Älteren Brüder angedeutet, wo Wahrheit – Theosophie – gefunden werden kann, und die Mitarbeiter in der ganzen Welt sind bemüht, sie ständig weiter zu verbreiten.

Die Älteren Brüder der Menschheit sind Menschen, die ihre Vervollkommnung in früheren Evolutionsperioden errungen haben. Nicht nur die älteren Hindus haben diese Vorgänge sehr gut verstanden, sondern auch die großen Erleuchteten, die die ersten reinen, unverfälschten Formen der Mysterien in Griechenland einführten und aufrechterhielten. Die Perioden, in denen aus dem großen Unbekannten die sichtbaren Universen hervortreten, sind in ihrem Kommen und Gehen ewig, sie wechseln mit Perioden der Stille und erneuter Ruhe im Unbekannten. Das Ziel dieser mächtigen Wogen, deren Zeugen stets eine größere Anzahl Älterer Brüder sind, ist die Entwicklung des vollkommenen Menschen, die Evolution der Seele und ihrer inhärenten Monade. Das Leben auch des einfachsten Menschen spiegelt diese mächtigen Prozesse als Tag und Nacht, Wachen und Schlafen, Geburt und Tod wider, „denn diese beiden: Licht und Finsternis, Tag und Nacht, sind der Welt ewige Wege".

In jedem Zeitalter und in jeder vollständigen Nationalgeschichte werden diesen mächtigen und mitleidsvollen Menschen verschiedene

Namen gegeben. Sie wurden Initiierte, Adepten, Magier, Hierophanten, Könige aus dem Osten, weise Männer, Brüder usw. genannt. Aber im Sanskṛit gibt es ein Wort, das sie sofort aufs Engste mit der Menschheit verknüpft. Es lautet *Mahâtman* und ist zusammengesetzt aus *mahâ,* „groß", und *âtman,* „Seele". Somit bedeutet es „Große Seele". Da aber alle Menschen Seelen *sind,* liegt der Unterschied bei den Mahâtmans in ihrer Seelengröße. Der Begriff Mahâtman ist durch die Theosophische Gesellschaft zu weiter Verbreitung gelangt, denn H. P. Blavatsky wies fortwährend auf Mahâtmans als ihre Meister hin, die ihr das Wissen gegeben hatten, das sie besaß. Zuerst waren sie nur als die Brüder bekannt, aber später, als sich viele Inder der Bewegung anschlossen, kam der Name Mahâtman in Gebrauch, weil er in der indischen Tradition und der äußerst umfangreichen Literatur Indiens sehr geläufig ist. Auch in der sehr alten *Bhagavad-Gîtâ,* die von allen Hinduzweigen verehrt wird und deren edle Schönheit selbst die europäischen Kritiker anerkennen, steht der Vers: „Solch einen Mahâtman zu finden ist schwer."*

Für die Existenz jener großen Männer, die das oben angedeutete wundervolle Wissen besitzen – die immer existiert haben und auch heute existieren –, gibt es hinreichende Zeugnisse. Die älteren Mysterien verweisen fortwährend auf sie. Im alten Ägypten wurden sie die großen Königs-Eingeweihten, Söhne der Sonne und Freunde großer Götter genannt. Diese großen Ägypter waren Eingeweihte (Initiierte) und Mitglieder der einen Großen Loge, zu der auch alle anderen gehören, unabhängig von ihrem Grad oder ihrer Funktion. Die späteren, entarteten Ägypter haben ihre großen Vorgänger nur imitiert, doch dies geschah erst, nachdem die wahre Lehre durch das verderbliche Aufkommen von Dogmen und einer egoistischen Priesterschaft wieder einmal verdunkelt war.

Wenden wir uns Indien zu, das von dem kriegführenden und handeltreibenden Westen lange Zeit vergessen und ignoriert wurde, so finden wir dieses Land voller Legenden über diese wunderbaren großen Menschen. Die Bevölkerung ist durch ihre Geisteshaltung und das

---

* Vgl. W. Q. Judge: *Die Bhagavad-Gîtâ.* 7. Kapitel, Vers 19.

Klima für die Erhaltung der philosophischen, ethischen und psychischen Kleinode befähigt. Doch auch sie wären uns verlorengegangen, wenn sie den Plünderungen solcher Goten und Vandalen anheimgefallen wären, wie es die westlichen Völker in jenen frühen Tagen ihrer Kämpfe um Bildung und Zivilisation waren. Wenn jene, die in blinder Zerstörungswut ungeheure Mengen historischer und ethnologischer Schätze verbrannten – Schätze, die von den Günstlingen der katholischen Beherrscher Spaniens in Zentral- und Südamerika gefunden wurden –, auch die Bücher und Palmblattsammlungen Indiens hätten in Beschlag nehmen können, bevor der schützende Schild Englands gegen sie erhoben wurde, hätten sie auch in Indien alles zerstört, wie sie es in Amerika getan hatten und wie ihre Vorgänger es mit der Alexandrinischen Bibliothek beabsichtigt hatten. Zum Glück für die Nachwelt entwickelten sich die Verhältnisse anders.

Den ganzen Strom der indischen Literatur entlang finden sich zu Hunderten die Namen großer Adepten, die dem Volk sehr gut bekannt waren. Sie alle trugen die gleiche Lehre vor: das große Epos der menschlichen Seele! Ihre Namen klingen westlichen Ohren fremd, aber die Aufzeichnungen ihrer Gedanken, ihrer Werke und ihrer Fähigkeiten bestehen auch weiterhin. Und mehr noch: Im ruhigen, gelassenen Osten gibt es heute viele Hunderte von Menschen, die selbst die Erfahrung gemacht haben, dass die Große Loge immer noch existiert und ihre Mahâtmans, Adepten, Initiierten und ihre großen Brüder hat. Zudem gibt es in jedem Land Experten, die die praktische Anwendung zwar geringerer, aber immer noch sehr überraschender Fähigkeiten in Bezug auf die Natur und ihre Energien beherrschen, sodass uns eine große Anzahl von Zeugen zur Verfügung steht, die unsere Behauptungen untermauern.

Wenn Theosophie sowohl wissenschaftlich als auch religiös ist, dann liefert uns die ethische Seite noch mehr Beweise. Eine mächtige Triade, deren Grundlage die Ethik ist, wurde von Buddha, Konfuzius und Jesus gebildet. Buddha, der ein Hindu war, gründete eine Religion, die heute einen großen Teil der Menschheit umfasst. Bereits Jahrhunderte vor Christus lehrte er eine universale Ethik, die aber auch schon lange Zeit vor ihm gelehrt worden war. Jesus, der kam, um sein eigenes Volk zu reformieren, wiederholte diese uralte Ethik, und Konfuzius tat das Gleiche für das alte und ehrwürdige China.

Diese großen Namen bezeichnen Mitglieder der einen Großen Bruderschaft, die nur ein einziges, auf Naturgesetzen begründetes Lehrsystem besitzt. Und die außerordentlichen Charaktere, die hin und wieder unter den westlichen Völkern aufgetreten sind – wie Saint-Germain, Jakob Böhme, Cagliostro, Paracelsus und H. P. Blavatsky –, waren Beauftragte der Großen Bruderschaft. Sie führten ihr Werk zu einer Zeit aus, in der es besonders erforderlich war. Über diese Menschen wurde oft gelästert, obgleich sich kein Grund dafür finden lässt, da sie anderen nur Wohltaten erwiesen oder Entdeckungen von großer Tragweite gemacht hatten, wie sich nach ihrem Tod herausstellte. Selbst Jesus würde heute ein Scharlatan genannt werden, wenn er in einer der großen christlichen, theaterartig betriebenen Kirchen New Yorks erscheinen und die Namenchristen zurechtweisen würde. Paracelsus war der Begründer wertvoller chemischer Methoden und medizinischer Behandlungsarten, die jetzt überall im Gebrauch sind, und H. P. Blavatsky brachte dem Westen aufs Neue das altbekannte, äußerst wichtige System der Lehren über den Menschen, seine Beschaffenheit und seine Bestimmung.

Westliche Leser werden erstaunt fragen, wie es möglich ist, dass Menschen ein so großes Wissen besitzen und einen derartigen Einfluss auf die Wirkungsweisen der Naturgesetze haben können, wie ich sie den Initiierten – jetzt allgemein Mahâtmans genannt – zugeschrieben habe. In Indien, China und anderen östlichen Ländern würden diese Fähigkeiten keine Verwunderung hervorrufen, denn der Glaube an die innere Natur des Menschen und an die seinem Willen zu Gebote stehende Macht ist dort nie verlorengegangen. Daher hat es im Osten auch nie an Beispielen für die Entfaltung derartiger Kräfte und Fähigkeiten gemangelt. Im Westen ist jedoch durch die Verneinung der inneren Lebensvorgänge sowie der Realität der Seele eine materialistische Zivilisation als Reaktion auf den unlogischen Dogmatismus entstanden. Hierin liegt der Grund, weshalb keine weiterführenden

Forschungen unternommen wurden und warum allgemein angenommen wird, dass kein Mensch, sondern nur ein erdachter Gott solche Kräfte besitzen könne.

Ein Mahâtman, der die Fähigkeit erlangt hat, die Gesetzmäßigkeiten von Raum, Zeit, Gemüt und Materie zu erkennen und zu beherrschen, kann gerade deshalb existieren, weil er ein vollkommen gewordener Mensch ist. Jeder Mensch birgt im Keim alle die Kräfte, die diesen großen Initiierten zugesprochen werden. Der Unterschied besteht einzig und allein in der Tatsache, dass wir die in uns liegenden Keime noch nicht zur Entfaltung gebracht haben. Der Mahâtman hingegen ist durch jene Schulung und Erfahrung gegangen, die zur Entfaltung all der inneren menschlichen Anlagen geführt haben. Hierdurch hat er Fähigkeiten erlangt, die seinen unter ihm stehenden und noch mit dem Niederen ringenden Brüdern göttergleich erscheinen. Theosophie beweist die Existenz eines Gemütes, das nicht völlig vom Gehirn abhängt; sie beweist ferner, dass es Verbindungskanäle gibt, durch die Gedanken übertragen werden können. Durch diese vitalen Kanäle vermögen die Initiierten miteinander Gedanken auszutauschen ohne Rücksicht auf die Entfernung. Die naheliegende Vorbedingung dafür ist die, dass zwei Gemüter im gleichen Rhythmus schwingen oder sich in den gleichen Rhythmus versetzen und so auf die gleiche Art denken. Mit anderen Worten, derjenige, der auf eine größere Entfernung hören soll, empfängt die Gedankenäußerung, die der andere sendet. Auf gleiche Weise verhält es sich mit allen anderen Kräften, mögen sie uns auch noch so außergewöhnlich erscheinen. Dennoch sind sie alle natürlich, obgleich sie uns derzeit noch ungewöhnlich erscheinen mögen, geradeso wie eine große musikalische Begabung natürlich, aber nicht gewöhnlich oder alltäglich ist. Wenn ein Initiierter einen festen Gegenstand ohne Berührung fortbewegen kann, so rührt dies daher, weil er die beiden Gesetze der Attraktion und Repulsion (Anziehung und Abstoßung) kennt. „Gravitation" ist nur der Name für eines dieser Gesetze. Wenn er aus der unsichtbaren Luft heraus Kohlenstoff niederschlägt, der sich auf Papier zu ganzen Sätzen anordnet, so ermöglicht ihm dies seine Kenntnis der höheren okkulten Chemie und die Anwendung der geschulten und überaus machtvollen bilderzeugenden Imagination – einer Kraft, die jeder Mensch besitzt. Wenn er ohne Schwierigkeit Gedanken liest, so macht er Gebrauch von seinen inneren, den einzig wirklichen Sehkräften, die keine Netzhaut benötigen, um das feine Astralgewebe wahrzunehmen, das das vibrierende Gehirn des Menschen umgibt. Dies alles ist für den Mahâtman, für den vollkommenen Menschen, ganz natürlich.

Die reine Lehre verschwindet zwar für eine gewisse Zeit aus dem Gedächtnis der Menschen, muss aber dennoch wiederkehren, erstens, weil sie in das unvergängliche Zentrum der menschlichen Natur eingeprägt ist, und zweitens, weil sie für immer aufbewahrt wird. Dies geschieht nicht nur mittels tatsächlicher Aufzeichnungen, sondern auch durch die intelligenten und zu voller Selbsterkenntnis erwachten Menschen. Diese hochentwickelten Menschen können, nachdem sie viele Perioden ihrer Evolution erfolgreich durchschritten haben, die kostbaren, von ihnen erlangten Schätze nicht verlieren. Und weil die Älteren Brüder das höchste Produkt der Evolution sind und durch sie – im Zusammenwirken mit der gesamten menschlichen Familie – die im Universalgemüt existierenden Pläne in zyklischer Regelmäßigkeit und zweckentsprechend ausgeführt werden, habe ich es für notwendig gehalten, auf sie und ihr universales Zentrum hinzuweisen, bevor ich zu anderen Teilen meiner Aufgabe übergehe.

2. Kapitel

Allgemeine Prinzipien der Evolution

Die Lehren der Theosophie behandeln gegenwärtig hauptsächlich unsere Erde. Ihr Gesichtskreis umfasst jedoch alle Welten, weil sich kein Teil des manifestierten Universums außerhalb des Bereiches von Gesetzmäßigkeiten befindet, die alle auf uns einwirken. Unser Globus Erde ist ein Glied des Sonnensystems, sodass er auch in Verbindung mit Venus, Jupiter und anderen Planeten steht. Da die große menschliche Familie jedoch so lange bei ihrem materiellen Vehikel – der Erde – bleiben muss, bis alle Individuen der Rasse vervollkommnet sind, ist ihre Evolution von größter Wichtigkeit, und zwar für jedes einzelne ihrer Mitglieder. Einiges über die anderen Planeten mag später folgen. Vorerst wollen wir die alles beherrschenden Gesetzmäßigkeiten einer allgemeinen Betrachtung unterziehen.

Das Universum evolviert aus dem Unbekannten heraus, in das sich kein Mensch hineindenken kann, so hoch er auch stehen mag. Die Evolution bewegt sich auf sieben Ebenen oder in sieben Wogen in allen Welten, den sichtbaren und den unsichtbaren. Diese siebenfache Gliederung ist die Ursache dafür, dass alle Welten des Universums einschließlich all ihrer Lebewesen eine siebenfältige zusammengesetzte Konstitution haben. Wie schon im Altertum gelehrt wurde, sind die großen und kleinen Welten Abbilder des Alls. So sind das kleinste Insekt wie das höchstentwickelte Lebewesen im Kleinen wie im Großen lediglich Kopien des unfassbaren, alles umfassenden Originals. Daher hatten die hermetischen Philosophen auch den Lehrsatz aufgestellt: „Wie oben, so unten, wie unten, so oben."

Die Zusammengesetztheit des siebenfältigen Universums mag in Umrissen wie folgt dargestellt werden: das Absolute, Geist, Gemüt, Materie, Wille, Âkâśa oder Äther, Leben. Anstatt „das Absolute" können wir auch den Begriff Raum gebrauchen. Denn der Raum ist das, was immer ist; in ihm finden alle Manifestationen (Offenbarungen) statt und entfalten sich die evolutionären Kräfte. Das Sanskṛitwort Âkâśa bedeutet kosmische Geist-Substanz, sie ist das Reservoir aller Wesenheiten. Oft wird es irrigerweise mit Äther verwechselt, weil unsere Sprache noch kein Wort gebildet hat, das die außerordentlich feine Beschaffenheit dieser Substanz bezeichnet. Über das Absolute können wir nur sagen, dass ES IST. Keiner der großen Lehrer der Weisheitsschule schreibt dem Absoluten bestimmte Eigenschaften zu, obgleich alle Eigenschaften in IHM existieren. Unser Wissen beginnt erst mit der Differenzierung, und alle manifestierten Dinge, Wesen und Kräfte sind lediglich Differenzierungen des großen Unbekannten. Das Äußerste, was gesagt werden kann, ist, dass sich das Absolute periodisch selbst differenziert und ebenso periodisch diese Differenzierungen wieder in sich zurückzieht.

Die erste Differenzierung ist – metaphysisch und zeitlich gesprochen – Geist, mit dem auch Materie oder besser Substanz und Gemüt erscheinen. Geist ist die Mutter von Âkâśa, oder anders ausgedrückt: Âkâśa ist der Schleier oder die Verdichtung des höchsten Spirituellen. Wille ist die in Tätigkeit stehende Kraft des Geistes. Und die Lebenskraft entsteht durch Einwirkung des vom Geist getriebenen Âkâśa auf die Materie.

Aber die Materie, von der hier die Rede ist, ist nicht das, was im normalen Sprachgebrauch unter diesem Begriff verstanden wird. Sie ist die Wurzel-Materie, die immer unsichtbar ist und gelegentlich auch primordiale Materie (der Urstoff) genannt wird. Im System der Brâhmaṇen wird sie als *Mûlaprakṛiti* bezeichnet. Die zeitalteralten Lehren betonten stets – wie jetzt auch von der Wissenschaft zugegeben wird –, dass wir nur die Phänomene, nicht aber die wirkliche Beschaffenheit, den Hauptbestandteil, das innere Wesen der Materie, das Ding an sich sehen.

Gemüt ist der intelligente Teil des Universums. In der oben gegebenen ungefähren Aufzählung der sieben Differenzierungen ist Gemüt diejenige Manifestationsstufe, in der der Plan des Kosmos fixiert oder enthalten ist. Dieser Plan wurde von einer früheren Periode der Manifestation herübergebracht, die zu seiner stets größer werdenden Vollkommenheit beigetragen hat. Den evolutionären Möglichkeiten seiner Vervollkommnung sind keine Grenzen gesetzt, denn niemals gab es einen Anfang für die periodischen Manifestationen des Absoluten, und niemals wird ein Ende derselben eintreten. Das Hinausströmen aus dem Unbekannten und das Zurückziehen in das Unbekannte wird bis in alle Unendlichkeit weitergehen.

Wo immer sich eine Welt oder ein System von Welten entwickelt, folgen diese einem Plan, der im Universalgemüt niedergelegt ist: Die Urkraft kommt vom Geist, die Basis ist Materie – die tatsächlich unsichtbar ist. Die Lebenskraft versorgt alle Formen mit Leben, und Âkâśa ist das verbindende Glied zwischen Materie auf der einen und Geist-Gemüt auf der anderen Seite.

Wenn eine Welt oder ein Sonnensystem an das Ende gewisser großer Zyklen (Zeitläufe) kommt, verzeichnen die Menschen in ihrer Geschichte Kataklysmen oder Erdumwälzungen unterschiedlichster Art. Überlieferungen gab es viele: unter den Juden die Sintflut, bei den Babyloniern ebenfalls eine große Flut. Auch die ägyptischen Papyri und die Hindukosmologie berichten über ähnliche Katastrophen. Keine davon ist nur eine Bestätigung der jüdischen Tradition, vielmehr weisen alle auf alte Lehren und zurückliegende Erinnerungen an periodische Zerstörungen und Erneuerungen hin. Die hebräische Sintflut ist nur ein armseliges Fragment, dem Boden des Tempels der Weisheit entrissen. Geradeso wie periodisch kleinere Kataklysmen oder teilweise Zerstörungen stattfinden, gibt es Evolution und Involution für das Universum. Für immer geht der große Atem hinaus und strömt wieder zurück. Wenn er hinausströmt, erscheinen alle Wesenheiten, Welten und Menschen, bei seinem Zurückfluten verschwindet alles wieder in dem Urquell des Seins.

Dies ist das Wachen und Schlafen des großen Wesens: der Tag und die Nacht Brahmâs. Sie sind das Vorbild unserer wachenden Tage und schlafenden Nächte als Menschen sowie unseres Verschwindens von der Bühne am Ende eines kleinen Menschenlebens und unserer

Wiederkehr, um das nicht vollendete Werk in einem neuen Leben und einem frischen Tag weiterzuführen.

Das wirkliche Alter der Welt war für westliche Forscher lange eine ungeklärte Frage. Bis heute haben sie einen seltsamen Widerwillen gegen eine Belehrung aus den Aufzeichnungen orientalischer Völker, die doch viel älter als die des Westens sind. Doch gerade die Orientalen besitzen Wahrheit in Bezug auf diese Frage. Dass die ägyptische Kultur vor vielen Jahrhunderten in Blüte stand, ist anerkannt. Und weil keine ägyptischen Tempelschulen des alten Wissens mehr existieren, die den modernen Stolz verletzen könnten, finden die ägyptischen Felsinschriften und Papyri heute ein wenig mehr Glauben als die noch existierenden Aussagen und Aufzeichnungen der Hindus. Denn die Hindus leben noch unter uns, es könnte aber niemals zugegeben werden, dass eine heute arme und unterjochte Rasse ein Wissen über das Alter des Menschen und seiner Welt besitzt, über das die westliche Zivilisation infolge ihrer Kriege und Eroberungen nicht verfügt. Seit es den unwissenden Mönchen und Theologen von Kleinasien und Europa gelungen war, den mosaischen Bericht über die Schöpfung der Erde und des Menschen der im Entstehen begriffenen westlichen Evolution aufzuzwingen, schreckten selbst die gelehrtesten Wissenschaftler aus Furcht vor der Anzahl von Jahren, die seit Adam vergangen sein sollen, zurück. Hierdurch entstanden ihre großen Vorurteile gegenüber anderen überlieferten Chronologien.

Warum die hebräische Überlieferung zu einem solchen Hemmschuh für das westliche Denken wurde und welche Verbindung zwischen Juden und Ägyptern bestand, ist bekannt, ebenso, welcher Art die Auferstehung der alten Pyramidenbauer des Niltales sein wird und sein muss und wo die Pläne dieser alten Baumeister vor profanen Augen verborgen wurden, bis der Zyklus für ihr Wiedererscheinen eine weitere Umdrehung vollendet hat. Die Juden bewahrten nur einen Teil der Weisheit Ägyptens; er verbirgt sich hinter den Buchstaben der mosaischen Bücher und existiert noch heute als die sogenannte kabbalistische oder verborgene Bedeutung der Schriften. Aber die Seelen der Ägypter, die bei der Planung der Pyramide von Giseh mithalfen und Anteil an der ägyptischen Regierung, Theologie, Wissenschaft und Kultur hatten, trennten sich von ihrer alten Rasse. Die Rasse starb aus, und die früheren Ägypter setzten ihre Arbeit in den neu auftauchenden Rassen des Westens fort, besonders in denjenigen, die jetzt den amerikanischen Kontinent bevölkern. Als Ägypten und Indien noch jünger waren, bestand ein fortwährender Verkehr zwischen beiden Ländern. Gemäß theosophischer Ansicht hegten beide Völker die gleichen Ideen, aber das Schicksal bestimmte, dass von den beiden nur die Hindus die alten Ideen lebendig bewahren sollten. Daher werde ich den brâhmaṇischen Überlieferungen Hindustans die Lehre über die Tage und Nächte, die Jahre und das Leben Brahmâs, der das Universum und die Welten repräsentiert, entnehmen.

Diese Lehre widerlegt von vornherein die Auslegungen, die der mosaischen Tradition so lange gegeben wurden. Dennoch steht sie völlig im Einklang mit dem Bericht der *Genesis* über andere und frühere „Schöpfungen", mit der kabbalistischen Deutung des alttestamentarischen Verses über die Könige von Edom, die Repräsentanten einer präadamitischen Kultur, und sie stimmt auch mit dem Glauben einiger der älteren Kirchenväter überein, die ihren Brüdern von wundervollen früheren Welten und Schöpfungen berichteten.

Wie es heißt, dauert der Tag des Brahmâ eintausend Jahre, und seine Nacht ist ebenso lang. In der christlichen Bibel steht ein Vers (Psalm 19, 4), der besagt, dass vor dem Herrn ein Tag wie tausend Jahre und tausend Jahre wie ein Tag seien. Dieser Ausspruch wird allgemein zur Verherrlichung der Macht Jehovas herangezogen, hat aber eine verdächtige Ähnlichkeit mit der älteren Lehre über die Länge von Brahmâs Tag und Nacht. Dieser Vers würde eine größere Bedeutung haben, würde er als Hinweis auf das periodische Erscheinen gleich langer großer Tage und Nächte des Universums, seiner manifestierten Welten, hingenommen werden.

Ein Tag der Sterblichen wird nach der Sonne berechnet und dauert nur zwölf Stunden; auf dem Planeten Merkur hat der Tag eine geringere Länge, und viel länger ist er auf Saturn und Uranus. Ein Tag Brahmâs oder ein sogenanntes Mahâ-Manvantara wird jedoch aus sieben Runden, einer Periode von vier Milliarden dreihundertzwanzig Millionen Erdenjahren – 4 320 000 000 –, gebildet.*

Wenn der Tag Brahmâs anbricht, beginnt die kosmische Evolution, soweit sie unser Sonnensystem betrifft. Sie benötigt zwischen ein und zwei Milliarden (1 – 2 000 000 000) Jahre zur Bildung der sehr ätherischen ersten Materie, bevor die *Astral*reiche der Minerale, Pflanzen, Tiere und Menschen möglich sind. Diese zweite Stufe, die der Formbildung dient, benötigt etwa dreihundert Millionen Jahre, und ihr folgen weitere, materiellere Prozesse, die zur Bildung der grobmateriellen Naturreiche einschließlich des menschlichen Reiches führen. Dafür sind über eineinhalb Milliarden Jahre erforderlich. Die Anzahl der solaren Jahre, die während der gegenwärtigen Menschheitsperiode bereits abgelaufen sind, beträgt etwas über achtzehn Millionen.

Und dies ist genau das, was Herbert Spencer als das gradweise Hervortreten des Bekannten und Verschiedenartigen aus dem Unbekannten und Einheitlichen bezeichnet. Denn die alten Theosophen der Hindus und Ägypter gaben niemals eine Schöpfung aus dem Nichts zu, vielmehr vertraten sie energisch eine Evolution, die sich in gradweisen Abstufungen vom Homogenen (Einheitlichen) zum Heterogenen (Verschiedenartigen) entfaltet. Kein Mensch kann das Unendliche und absolut Unbekannte erfassen, das *ist*, das keinen Anfang hat und auch kein Ende haben wird, das sowohl das Letzte als auch das Erste ist, weil ES immer ist, sei es nun als das Verschiedenartige entfaltet oder das in sich selbst Zurückgezogene. Dieses ist der in der christlichen Bibel angeführte Gott, dessen Gezelt immer in Finsternis gehüllt ist.

Westliche Orientalisten nehmen die kosmische und menschliche Chronologie der Hindus nicht ernst, vermögen ihr aber nichts Besseres entgegenzusetzen. In seiner Übersetzung des *Vishṇu-Purâṇa* nennt Wilson alles ein Märchen und kindische Prahlerei ohne fundierte Grundlage. Aber die Freimaurer, die darauf nicht reagieren, sollten

---

* Siehe auch Gottfried von Purucker: *Esoterische Philosophie – Wörterbuch.* Hannover, ^{3}1990, S. 55 (d. Ü.).

es besser wissen. In der Erzählung vom Bau des Tempels Salomons, der aus verschiedenartigen, von überall herbeigeholten Materialien und *ohne den Lärm* von Werkzeugen errichtet wurde, könnten sie die Übereinstimmung mit den Ideen ihrer indischen und ägyptischen Brüder finden. Denn Salomons Tempel bedeutet den Menschen, dessen Körper ohne den geringsten Lärm aufgebaut, ausgerüstet und geschmückt wird, die Materialien jedoch mussten an anderen, weit entfernten Orten zusammengesucht und bearbeitet werden. Diese „Orte“ liegen in den oben genannten sehr fernen und schweigsamen Perioden der Evolution. Der Mensch konnte nicht eher in seinem körperlichen Tempel leben, als bis sein Meister – der innere Mensch – all das nötige Material innerhalb und außerhalb seiner Welt gefunden hatte. Nachdem das Material gefunden war, mussten die Pläne für seine Bearbeitung festgelegt und in ihren verschiedenen Einzelheiten ausgeführt werden, bis alle Teile vollkommen zugerichtet waren, um in den beabsichtigten Aufbau eingesetzt werden zu können. In den ungeheuren Zeiträumen, die nach dem Sammeln und Verarbeiten der ersten, nahezu unfühlbaren Materie begannen, setzte die Arbeit des Meisters – d. h. des Menschen, der vor der Außenwelt unsichtbar blieb – mit dem Mineral- und dem Pflanzenreich ein, wodurch die Pläne für das Grundwerk des menschlichen Tempels weitergeführt wurden. All diese Arbeit erfordert viele, viele Zeitalter, denn die Natur macht niemals Sprünge. Als die groben Vorarbeiten beendet waren und der menschliche Tempel errichtet war, wurden noch viele Zeitalter benötigt, um all die Diener, Priester und Ratgeber gründlich in ihren Funktionen zu schulen, damit es dem Menschen, dem Meister, möglich wurde, den Tempel für seine besten und höchsten Zwecke zu benutzen.

Die zeitalteralte Lehre von der Evolution beruht weder auf christlich-religiöser Theorie noch auf reiner Schulwissenschaft. Die religiöse Auslegung widerspricht sowohl der Vernunft als auch den Tatsachen, während die Wissenschaft für ihre Forschungsergebnisse keine ursächlichen Erklärungen zu geben vermag. Die Theosophie hingegen, die Wissenschaft, Religion und Philosophie zu einer Synthese vereint, gibt tiefgründige Schlüssel zu den inneren und äußeren Verfahrensweisen der Natur.

Das tatsächliche Alter unserer Welt wird seitens der Theosophie als nahezu unberechenbar angegeben; das Alter des Menschen in seiner jetzigen Gestalt beziffert sie mit über 18 000 000 Jahren. Doch die vormenschlichen Stadien, das, was schließlich zum Menschen geworden ist, sind von ungeheuer größerem Alter, denn noch bevor die beiden gegenwärtigen Geschlechter erschienen, hatte das menschliche Wesen zu verschiedenen Zeiten ein unterschiedliches Äußeres, bis sich endlich der ganze Plan des Werkes in unsere gegenwärtige Gestalt, Funktion und Befähigung verdichtet hatte. Auf diese Tatsachen beziehen sich jene Hinweise in den uralten, für die Öffentlichkeit geschriebenen Büchern, in denen es heißt, der Mensch sei einmal kugelförmig gewesen. Das war natürlich vor wesentlich mehr als 18 Millionen Jahren, zu einer Zeit, in der die Zustände eine derartige Form begünstigten. Während jener Evolutionsperiode, in der die Kugelform die Regel war, hatten sich die Geschlechter, wie wir sie heute kennen, noch nicht getrennt; es existierte also nur ein Geschlecht, oder richtiger gesagt, gar kein Geschlecht.

Während all dieser Zeitalter, noch vor dem Entstehen unserer heutigen menschlichen Form, bewirkte die Evolution die Vervollkommnung verschiedener Kräfte und Fähigkeiten, die heute in unserem Besitz sind. Die Evolution des Menschen vollzieht sich durch das Ego, den wahren Menschen, der durch unzählige unterschiedliche Zustände der Materie ging. Derselbe allgemeine Plan wird bei der Evolution des gesamten Universums verfolgt. Das bedeutet, die Einzelheiten wurden zuerst mit feinerer Materie ausgearbeitet, sozusagen in ätherischen oder metaphysischen Daseinsbereichen. Dann wurden im nächsten Schritt dieselben Einzelheiten in etwas dichterer Materie ausgearbeitet, bis sie schließlich in unserer jetzigen Materie, die wir irrtümlich als grobe Materie bezeichnen, ausgeführt werden konnten. In diesen Vorläuferzuständen existierten die Sinne gewissermaßen nur als Keime oder in der Idee, bis die Astralregion erreicht wurde, die sich unserer jetzigen am nächsten befindet. Dann wurden die

Organe, die dem allgemeinen Plan bereits zugrunde lagen, verdichtet, sodass die tatsächlichen Sinne entstanden, die wir heute mittels der verschiedenen äußeren Organe gebrauchen. Diese äußeren Organe des Sehens, Fühlens, Hörens, Schmeckens und Riechens werden oft irrtümlich für die wirklichen Organe und Sinne gehalten. Doch die Sinne gehören der inneren Konstitution an, ihre äußeren Organe sind lediglich die Vermittler zwischen dem sichtbaren Universum und der eigentlichen inneren Wahrnehmung.

Nachdem nun alle diese verschiedenen Kräfte und Fähigkeiten langsam aber sicher herausgebildet worden sind, tritt endlich auch der Mensch als eine siebenfältige zusammengesetzte Wesenheit ins sichtbare Dasein. Er ist, ebenso wie das Universum und die Erde, aus sieben Prinzipien zusammengesetzt. Jedes der sieben menschlichen Prinzipien stammt von einer der ersten sieben großen Hauptabteilungen des Kosmos ab. Außerdem steht jedes Prinzip in Verbindung mit einem Planeten, einem zyklischen Geschehen in der Evolution und mit einer Rasse, in der sich die Evolution schon abgespielt hat. Daher ist es von größter Wichtigkeit, dass die erste siebenfältige Differenzierung im Gedächtnis behalten wird, da sie die Basis für alles Folgende bildet. So wie die Evolution des Universums siebenfältig ist, so vollzieht sich auch die Evolution des Menschen, der aus sieben Prinzipien zusammengesetzt ist, auf der siebenfältigen Erde. Dieser Prozess findet in der siebenfältigen Planetenkette unserer Erde seinen Ausdruck, die auf das Innigste mit der besonderen Evolution des Menschen verknüpft ist.

3. Kapitel
Die Erdkette

Wenn wir nun unsere Erde betrachten, wird deutlich, dass sich die theosophische Anschauung über ihre Entstehung und Evolution sowie über die Evolution der menschlichen, tierischen und anderweitigen Monaden erheblich von modernen Hypothesen unterscheidet. In einzelnen Aspekten ist sie genau das Gegenteil anerkannter Theorien. Heutige Theorien sind jedoch äußerst unbeständig. Sie wechseln mit jedem Jahrhundert, während sich die Aussagen der Theosophie nie ändern, weil sie Tatsachen darlegen, die in der Natur nachvollzogen werden können. Moderne Theorien hingegen sind nahezu immer spekulativ und unsicher und unterliegen ständigem Wechsel.

Gemäß dem allgemeinen, bereits umrissenen Plan ist unsere Erde siebenfach zusammengesetzt. Sie ist eine Wesenheit und nicht lediglich die Ansammlung einer Masse lebloser Materie. Und da sie ein zusammengesetztes Wesen von siebenfältiger Natur ist, muss es folglich noch sechs andere Globen geben, die mit ihr durch den Raum kreisen. Die Gemeinschaft von sieben Erdgloben wurde die „Erdkette" oder die „Planetarische Kette" genannt. Nun könnte dies zu der Ansicht verleiten, es handele sich um sieben verschiedene Globen, die räumlich voneinander getrennt sind, obwohl sie zusammengehören, und dass sich unser Erdglobus von den anderen sechs unterscheide wie etwa die Venus vom Mars. Das ist aber nicht die Lehre. Die Erde ist einer von sieben Globen nur in Bezug auf den derzeitigen Bewusstseinszustand des Menschen. Denn wenn er auf einem der sieben Globen tätig ist, nimmt er diesen als einen separaten Globus wahr und sieht die anderen sechs nicht. Die Konstitution der Erde befindet sich in völliger Übereinstimmung mit der des Menschen, da er ebenfalls noch sechs andere Bestandteile oder Prinzipien besitzt. Von diesen ist aber nur der grobe Körper für ihn sichtbar, weil er jetzt auf der

Erde – oder dem vierten Globus – handelnd auftritt und sein Körper der Erde entspricht. Alle sieben „Globen“ bilden zusammen eine einzige Masse, eine große Kugel, und alle durchdringen einander. Aber wir müssen uns des Ausdrucks „Globus“ bzw. Kugel bedienen, weil die Form eben kugelförmig oder sphärisch ist. Auch die Diagramme in der *Geheimlehre* von H. P. Blavatsky stellen das Globensystem lediglich bildlich dar. Ihre Erläuterungen und Warnungen, Diagramme nur als Anhaltspunkte zu sehen, sollten genügend berücksichtigt werden, um Irrtümer zu vermeiden. Sowohl H. P. Blavatsky als auch ihre Adepten-Lehrer sagen, dass sich die sieben Globen unserer Kette *„in coadunition with each other but not in consubstantiality“* befinden: „in Vereinigung zu einer Masse, aber nicht in Wesenseinheit“ (*Die Geheimlehre,* Bd. I, S. 189). Diese Aussage wird weiter betont durch Warnungen, sich nicht einseitig auf Statistiken oder Flächendiagramme zu verlassen, sondern vielmehr die metaphysische und spirituelle Seite zu betrachten. So finden wir in Sinnetts Buch *Esoteric Buddhism* die Angabe, dass die Globen zu einer Masse vereinigt sind, obwohl ihre Substanz und Dichte variieren, und dass dieser substanzielle Unterschied seinen Grund in der Verschiebung des Bewusstseinszentrums hat.

Die so definierte Erdkette von sieben Globen ist die direkte Wiederverkörperung einer früheren Kette von sieben Globen, und diese frühere Siebenerfamilie war die Mondkette. Unser Mond ist der sichtbare Repräsentant des vierten Globus der alten Kette. Als diese frühere gewaltige Wesenheit, die aus dem jetzigen Mond und seinen anderen sechs Globen zusammengesetzt war, alle zu einer Masse vereint, schließlich ihr Lebensziel erreicht hatte, starb sie ebenso wie jede andere Wesenheit. Jeder der sieben Globen sandte seine Energien in den Raum und gab dem kosmischen Staub – der Materie – gleichartige Lebensschwingungen. Die vereinte kohäsive Kraft des Ganzen hielt die sieben Energien zusammen. Daraus entwickelte sich schließlich unsere gegenwärtige Erdkette mit sieben Energie- und Evolutionszentren, die zu *einer* Kugelmasse vereint sind. Da der Mond der vierte Globus der alten Kette war, befindet er sich auf fast derselben Wahrnehmungsebene wie die Erde. Und da wir jetzt mit unserem Bewusstsein hauptsächlich an die Erde gebunden sind, können wir auch

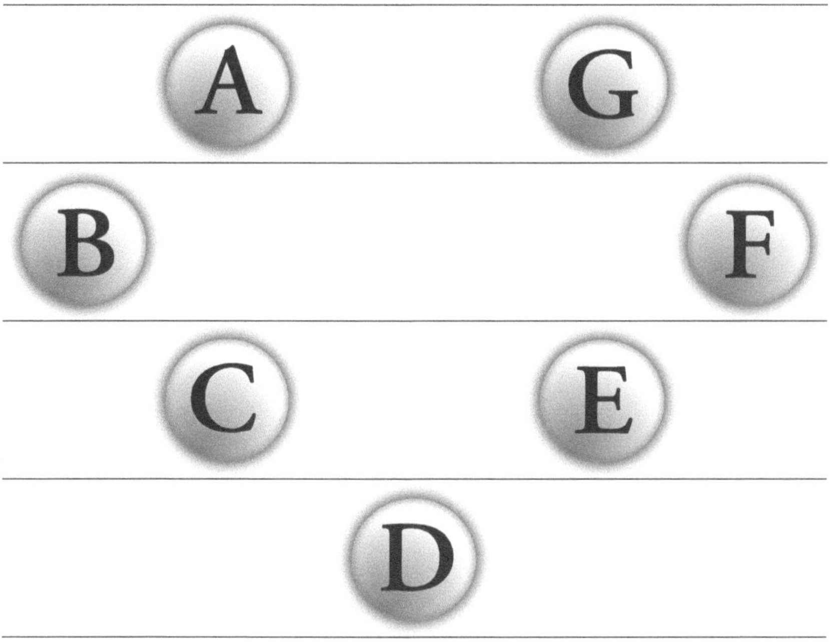

nur einen von den sieben alten Mondgloben sehen: unseren Mond. Wenn wir auf irgendeinem anderen der sieben Erdgloben wirken, werden wir an unserem Himmel auch den entsprechenden Leichnam der alten Mondkette als Mond sehen, aber den gegenwärtigen Mond werden wir dann natürlich nicht sehen können. Venus, Mars, Merkur und andere sichtbare Planeten sind sämtlich die jeweiligen vierten planetarischen Globen, und aus diesem Grund sind sie für uns sichtbar, während deren sechs sie begleitende Energie- und Bewusstseinszentren für uns nicht sichtbar sind. Diagramme verschleiern nur die inneren Zusammenhänge, weil sie an lineare Darstellungen gebunden sind.

Der Strom oder die Menge der Egos, die auf den sieben Globen unserer Kette evolvieren, ist zahlenmäßig begrenzt, dennoch sind es tatsächlich ungeheuer viele. Denn obwohl das Universum grenzenlos und unendlich ist, gibt es doch in jedem besonderen Teil des Kosmos, in dem Manifestation und Evolution begonnen haben, eine Grenze für die Ausdehnung der Manifestation und die Zahl der in ihr wirkenden Egos. Die Gesamtmenge der Monaden, die jetzt die Evolutionsprozesse auf unserer Erdkette durchlaufen, kam von den sieben Globen des Mondes. In *Esoteric Buddhism* wird diese Menge der Egos eine „Lebenswoge" genannt; womit der Strom der Monaden gemeint ist. Dieser monadische Strom erreichte die planetarische Erdmasse – deren Zentrum für unser Bewusstsein unsere Erde ist – und begann sein Werk mit Globus A, indem er gleich einer Armee oder einem Strom hereinbrach. Die erste Abteilung begann mit Globus A und ging dort durch eine lange Evolution in Körpern, die dem betreffenden Zustand der Materie entsprachen. Sie ging dann auf Globus B über und so weiter durch alle sieben größeren Bewusstseinszustände, die auch Globen genannt werden. Nachdem die erste Abteilung der Egoarmee den Globus A verlassen hatte, strömte die nächste Abteilung herbei und verfolgte denselben Weg. Auf diese Weise schritt das ganze Heer auf der siebengliedrigen Marschroute stetig fort.

Diese Reise ging viermal um die Erdkette herum, bis der ganze Strom oder die ganze Armee der Egos von der alten Mondkette herübergekommen war. Da die Egos nun vollzählig waren, traten nach der Mitte der vierten Runde keine neuen Egos mehr auf die Erdkette über. Der gleiche Prozess der Zirkulation dieser zu verschiedenen Zeiten eingetroffenen Klassen setzt sich über sieben vollständige Runden um alle sieben planetarischen Bewusstseinszentren fort. Wenn die sieben Runden beendet sind und in dieser ungeheuren Zeit so viel Vollkommenheit wie möglich erlangt wurde, wird die „Globen"kette ihrerseits sterben, um einer neuen Siebenerkette Geburt zu geben.

Jeder der sieben Globen dient gemäß dem Evolutionsgesetz der Entwicklung von sieben Rassen, sieben Sinnen, Fähigkeiten und Kräften, entsprechend dem jeweiligen Zustand der Materie. Die Erfahrung auf allen sieben Globen ist für eine vollkommene Entwicklung notwendig. Aus diesem Grunde gibt es die Runden und Rassen. Die Runde ist ein

Umkreisen der sieben Zentren des planetarischen Bewusstseins, eine Rasse ist die spezielle Entwicklung in einem dieser Zentren. Es gibt auf jedem Globus sieben Rassen, aber die Gesamtheit von 49 Rassen bildet tatsächlich nur sieben große Rassen, weil die sieben speziellen Rassen auf einem Globus in Wirklichkeit nur *eine große* Rasse mit sieben Unterabteilungen sind, von denen jede besondere Eigenschaften der Funktionen und Kräfte darstellt.

Eine vollständige Rasse kann auf einem Globus nicht innerhalb eines kurzen Augenblicks entwickelt werden, vielmehr müssen die langsamen, geordneten Prozesse der Natur, die keine Sprünge erlauben, in den bestimmten Bahnen durchlaufen werden. Daher muss eine Unterrasse nach der anderen entwickelt werden, bis die vollständige Wurzelrasse gebildet ist. Dann sendet die Wurzelrasse ihre Schößlinge aus, während sie ihrem Ende zugeht und das Kommen der nächsten großen Rasse vorbereitet.

Als Beispiel weist die Lehre mit Bestimmtheit darauf hin, dass sich auf dem gesamten Kontinent Amerika die neue – sechste – Rasse entwickeln wird. Dort findet jetzt eine Vermischung aller Rassen der Erde statt, aus der eine sehr hoch entwickelte Unterrasse hervorgehen wird, aus der wiederum andere Rassen durch ähnliche Prozesse gebildet werden, bis die neue Rasse vollständig entwickelt ist.

Zwischen dem Ende einer großen Wurzelrasse und dem Beginn der nächsten tritt, was den Globus betrifft, eine Periode der Ruhe ein, denn dann verlässt der Strom der menschlichen Egos den Globus und geht auf einen anderen Globus der Erdkette über, um dort mit der Evolution der Kräfte und Fähigkeiten der Egos fortzufahren. Wenn aber die siebente und letzte Rasse erschienen ist und ihre Evolution vollständig beendet hat, dann setzt die große Auflösung ein, ähnlich der, die der Geburt der Erdkette vorausgeht. Dann verschwindet diese Welt als ein materielles Wesen, und was das menschliche Ohr betrifft, herrscht tiefe Stille. Dies ist die Grundlage für den weitverbreiteten Glauben, dass die Welt ein Ende erreichen wird, dass es einen großen Gerichtstag geben wird oder dass es universale Sintfluten und Weltenfeuer gegeben hat.

Über die Evolution auf der Erde wird gesagt, dass der Strom der Monaden sein Wirken mit dem Aufarbeiten der gesamten Materie in sogenannten Elementarzuständen beginnt, die gasartig oder feurig sind. Denn die wahre archaische Lehre ist, dass ohne den belebenden Einfluss der Monaden keine Evolution möglich ist. Auf dieser ersten Evolutionsstufe gibt es weder pflanzliches noch tierisches Leben. Nach den Elementarzuständen durchlaufen zunächst die Minerale mit den in ihnen eingeschlossenen Monaden die mineralischen Stufen, wodurch die ganze Masse fest wird. Dann treten die ersten Monaden in pflanzliche Formen über, die sich vorher selbst konstruiert haben, aber noch erscheinen keine Tiere. Erst hiernach tritt die erste Klasse der Monaden aus dem Pflanzenreich heraus und bringt das tierische Reich hervor, dem das astrale und schattenhafte menschliche Modell folgt. Nun haben wir Minerale, Pflanzen, Tiere und zukünftige Menschen; diese und die späteren Klassen evolvieren noch in den niederen Reichen. Wenn die Mitte der vierten Runde erreicht ist, treten keine weiteren Monaden mehr in die menschliche Stufe über. Das wird erst dann wieder möglich sein, wenn eine neue planetarische Kette, die Wiederverkörperung der unsrigen, gebildet wird. Dies ist in großen Umrissen der gesamte Evolutionsprozess, wobei jedoch viele Einzelheiten ausgelassen sind, zum Beispiel, wie in einer der Runden der Mensch vor den Tieren auftritt. Aber diese Einzelheit braucht keine Verwirrung zu erzeugen.

Der Vorgang kann auch anders dargestellt werden: Im Universalgemüt entsteht zuerst der gesamte Evolutionsplan. Daraufhin wird das Astralmodell als Basis erzeugt. Wenn dieses Astralmodell fertiggestellt ist, wird der gesamte Prozess durchlaufen mit dem Ziel, bis zur Mitte der vierten Runde die Materie zu verdichten. Im Anschluss daran – und das ist unsere Zukunft – wird das Ganze mit vollständigem Bewusstsein spirituell durchdrungen, und die Globen werden auf eine höhere Ebene der Entwicklung emporgehoben. Bei diesem Verdichtungsprozess gibt es eine Abweichung in Bezug auf das Erscheinen des Menschen auf dem Planeten. Zu diesen Einzelheiten wird jedoch lediglich gesagt, „dass in der zweiten Runde der Plan abweicht“. Aber es besteht nicht die geringste Unklarheit darüber, dass sich sieben große Rassen hier auf diesem Planeten zu entfalten haben und die Rassen siebenmal um die sieben Erdgloben wandern.

Die Menschen erschienen zu Beginn nicht in zwei Geschlechtern. Die ersten waren geschlechtslos, dann veränderten sie sich zu Hermaphroditen oder zweigeschlechtigen Wesen, und erst zuletzt trennten sie sich in männlich und weiblich. Diese Trennung in männlich und weiblich ereignete sich vor über 18 Millionen Jahren. Aus diesem Grund wird in den archaischen Schulen auch gesagt, dass unsere Menschheit etwas über 18 Millionen Jahre alt ist.

4. Kapitel

Die siebenfältige Konstitution des Menschen

In christlich-religiösen Kreisen haben sich in Bezug auf die Seele des Menschen zwei Vorstellungen eingebürgert: Die eine ist die Lehre selbst und die andere deren volkstümliche Deutung. Die Lehre über die Seele wird in der Kirche zwar nicht geheim gehalten, doch in den Predigten wird sie so selten erklärt, dass sie für Laien fast ein Mysterium ist. Nahezu jeder sagt zwar, dass er eine Seele und einen Körper habe, doch das ist auch schon alles. Was die Seele ist, ob sie die wirkliche Person ist oder ob sie irgendwelche eigenen Kräfte besitzt, danach wird nicht gefragt. Die Geistlichen befassen sich im Allgemeinen nur mit der Rettung der Seele oder ihrer Verdammnis. Und weil sie in einer Art von der Seele reden, als sei sie etwas Grundverschiedenes von uns, hat sich bei vielen ihrer Anhänger die Meinung gebildet, sie seien nicht die Seele, da sie die Seele ja verlieren könnten. Hieraus ist auch der Hang zum Materialismus entstanden, der viele Menschen veranlasst, dem Körper größere Beachtung zu schenken als ihrer Seele. Die Seele wird gewöhnlich auf Gedeih und Verderb dem Priester der römisch-katholischen Kirche ausgeliefert, während Andersgläubige die Sorge für die Seele meist bis zum Todestag aufschieben. Die wahre Lehre wird jedoch eines Tages zeigen, dass die Sorge für die Seele, die der Mensch selbst ist, eine lebenswichtige Angelegenheit ist. Jeden Tag und jede Stunde erfordert sie unsere größte Aufmerksamkeit; wird sie jedoch vernachlässigt, kann dies schwerste Schäden für den gesamten Menschen, für seine Seele und seinen Körper, nach sich ziehen.

Die christliche Lehre – die auf den Apostel Paulus zurückgeht, auf den sich in Wirklichkeit die ganze dogmatische christliche Lehre stützt – besagt, dass der Mensch aus Körper, Seele und Geist besteht. Diese dreifache Konstitution des Menschen wird von den Theologen angenommen, aber stets im Hintergrund gehalten, weil sie bei näherer Hinterfragung zur Wiederaufnahme von Lehren führen könnte, die früher von der orthodoxen Kirche akzeptiert worden waren, jetzt aber als ketzerisch gelten. Denn wenn die Seele zwischen Körper und Geist steht, drängt sich die Notwendigkeit auf, die Verantwortlichkeit der Seele einzubeziehen – da der Körper selbst keine Verantwortung tragen kann. Um aber der Seele für begangene Handlungen Verantwortung zuschreiben zu können, muss vorausgesetzt werden, dass sie auch Fähigkeiten und Kräfte besitzt. Hieraus kann der Schluss gezogen werden, dass die Seele entweder vernunftbegabt ist – oder nicht. Ausgehend von dieser Schlussfolgerung, die zum Teil auch von den Griechen gezogen wurde, ist es nur ein Schritt zu den theosophischen Lehren. Die dreifache Gliederung der Konstitution des Menschen enthält tatsächlich die theosophische Lehre von seiner siebenfältigen Konstitution, denn die vier noch fehlenden Prinzipien können in den Kräften und Funktionen von Körper und Seele gefunden werden, wie ich späterhin noch zeigen werde. Die Überzeugung, dass der Mensch eine siebenfältige Wesenheit ist und nicht lediglich eine Duade von Körper und Seele, herrschte schon in ältesten Zeiten und wurde jedem nach Aufklärung Suchenden unter Zuhilfenahme anschaulicher Beispiele dargelegt. Aber gleich anderen philosophischen Lehrsätzen wurde auch dieser aus den Augen verloren. Er geriet wie viele andere Lehrsätze nach und nach in Vergessenheit, als die Moral im Osten Europas entartete, noch bevor der Materialismus mit seinem Zwillingsbruder Skeptizismus die volle Herrschaft erlangt hatte. Nach seiner Zurücknahme verblieb dem Christentum lediglich das gegenwärtige Dogma von Geist, Seele und Körper. Der Grund für das Verbergen der Lehre und für ihr Wiedererstehen im 19. Jahrhundert wird von H. P. Blavatsky in ihrem Standardwerk *Die Geheimlehre* sehr deutlich dargelegt. In Beantwortung der Frage „... aber wir können nicht verstehen, wie irgendeine Gefahr aus der Enthüllung solcher rein philosophischen Lehren, wie zum Beispiel der Evolution der Planetenketten, erwachsen könne" sagt sie: „Die Gefahr war folgende: Lehren, wie die von der Planetenkette, oder von den sieben Rassen, geben sofort einen Schlüssel zur Erkenntnis der siebenfältigen

Natur des Menschen, denn jedes Prinzip steht in Wechselbeziehung zu einem Plan, einem Planeten und einer Rasse; und die menschlichen Prinzipien sind, auf jedem Plan, in Wechselbeziehung zu siebenfältigen okkulten Kräften, von denen die der höheren Pläne von furchtbarer Gewalt sind. Somit gibt jede siebenfältige Einteilung zugleich einen Schlüssel zu furchtbaren okkulten Kräften, deren Missbrauch der Menschheit unberechenbares Unheil bringen würde: einen Schlüssel, der vielleicht keiner ist für die gegenwärtige Generation – besonders nicht für die Westlichen [Nationen], insofern sie gerade durch ihre Blindheit und ihren unwissenden, materialistischen Unglauben an das Okkulte geschützt sind; aber einen Schlüssel, der dennoch ein sehr realer in den ersten Jahrhunderten der christlichen Ära gewesen wäre für Leute, die von der Tatsächlichkeit des Okkultismus vollständig überzeugt waren und in einen Zyklus der Erniedrigung eintraten, der sie für den Missbrauch okkulter Kräfte und für Zauberei der schlechtesten Art geeignet machte.“ *

A. P. Sinnett, ein ehemaliger Regierungsbeamter in Indien, skizzierte im 19. Jahrhundert in seinem Buch *Esoteric Buddhism* (1887) zum ersten Mal die zusammengesetzte Natur des Menschen. Diese Lehre wurde Sinnett, der Herausgeber von „The Pioneer“ war, ursprünglich von H. P. Blavatsky anvertraut. Durch die Mitteilung dieser zeitalteralten Lehre an das westliche Publikum erwies er seinen Zeitgenossen einen großen Dienst und unterstützte damit die Sache der Theosophie ganz bedeutend. Seine Einteilung lautete:

1. Körper oder *Rûpa,*
2. Vitalität (Lebenskraft) oder *Prâṇa-Jîva,*
3. Astralkörper oder *Liṅga-śarîra,*
4. Tierische Seele oder *Kâma-rûpa,*
5. Menschliche Seele oder *Manas,*
6. Spirituelle Seele oder *Buddhi,*
7. Geist oder *Âtman.*

* H. P. Blavatsky: *Die Geheimlehre.* Hannover, 1999. Bd. I, S. 19.

In Kursivschrift sind die entsprechenden Ausdrücke der Sanskṛitsprache gesetzt, die Sinnett übernommen hat. Diese Einteilung besteht bis auf den heutigen Tag, kann aber noch modifiziert und erweitert werden. Ein späteres Schema, das den Astralkörper an die zweite Stelle der Einteilung setzt, bedeutet keine wesentliche Änderung. Das siebenfältige Schema vermittelt eine Vorstellung von dem eigentlichen Menschen in seiner Zusammensetzung. Es unterscheidet sich erheblich von der ungenügenden Beschreibung mit den Begriffen „Körper" und „Seele". Zudem stellt es die materialistische Auffassung in Frage, die besagt, dass das Gemüt das Erzeugnis des Gehirns sei, also ein Körperteil! Es wird keinesfalls behauptet, dass diese Prinzipien bisher unbekannt gewesen seien, denn sie waren und sind nicht nur den Hindus, sondern auch manchem Europäer mehr oder weniger bekannt. Aber die gedrängte Darstellung der siebenfältigen Konstitution des Menschen in enger Verbindung mit der siebenfältigen Konstitution einer Kette von Erdgloben, durch die der Evolutionsprozess des Menschen geht, war bisher nicht veröffentlicht worden. Der französische Abbé Éliphas Lévi schrieb über die Astralregion und den Astralkörper, hatte aber offensichtlich keine Kenntnis von der weiteren Lehre. Und obwohl die Hindus in ihrer Sprache und Philosophie die anderen Begriffe besaßen, brachten sie die siebenfältige Einteilung nicht zur Anwendung. Sie stützten sich hauptsächlich auf eine vierfache Einteilung und hielten die Lehre von den sieben Globen der Erdkette geheim, falls sie ihnen überhaupt bekannt war. Tatsächlich schrieb ein gelehrter Hindu, der nun verstorbene Subba Row, dass die Brâhmaṇen eine siebenfältige Einteilung besaßen, die sie aber weder veröffentlicht hatten noch veröffentlichen würden.

Betrachten wir die verschiedenen Einteilungen aus einer anderen Perspektive, so können wir sagen, dass der niedere Mensch eine zusammengesetzte Wesenheit ist. Seiner wahren Natur nach ist der Mensch jedoch eine Einheit oder ein unsterbliches Wesen, eine Dreiheit, die Geist, Unterscheidungskraft und Gemüt umfasst und die vier niedere sterbliche Instrumente oder Gefäße benötigt, um in der Materie wirken und in der Natur Erfahrungen sammeln zu können. Diese Dreiheit wird im Sanskṛit mit *Âtma-Buddhi-Manas* bezeichnet, was sehr schwer in westliche Sprachen zu übertragen ist. *Âtman* ist Geist; *Buddhi* ist die höchste Kraft des Verstehens, das, was erkennt und urteilt; und *Manas* ist Gemüt. Diese Dreiheit ist der wirkliche Mensch, und ohne Zweifel ist diese Lehre der Ursprung der theologischen Dreieinigkeitslehre von Vater, Sohn und Heiligem Geist. Die folgende Tabelle zeigt die unvergängliche obere Dreiheit und die vier niederen Instrumente oder Gefäße, die sterbliche Vierheit.

Âtman *Buddhi* *Manas*	unvergängliche Dreiheit
Leidenschaften, Wünsche und Begierden Lebensprinzip Astralkörper Physischer Körper	sterbliche Vierheit

Die vier niederen Bestandteile sind vergänglich und sowohl der Zersetzung als auch der Trennung voneinander unterworfen. Wenn die Zeit ihrer Trennung beginnt, kann ihre Verbindung nicht länger aufrechterhalten werden, und der physische Körper stirbt. Die Atome, aus denen jedes der vier Prinzipien besteht, beginnen sich voneinander zu trennen, und die gesamte in Auflösung befindliche Zusammensetzung ist als Instrument für den wahren Menschen nicht mehr brauchbar. Dieser Vorgang ist uns Sterblichen als „Tod" bekannt, was er jedoch für den wahren Menschen nicht ist, weil dieser todlos, beständig, unsterblich ist. Er wird daher die obere Triade oder unvergängliche Dreiheit genannt, während die vier niederen Prinzipien als sterbliche Vierheit bekannt sind.

Die Vierheit oder der niedere Mensch ist ein Produkt kosmischer und physischer Gesetzmäßigkeiten und Substanzen. Der Körper des Menschen ist im Laufe langer Zeitalter gleich dem jeder anderen physischen Wesenheit aus kosmischer Substanz entwickelt worden. Daher unterliegt er den physischen, physiologischen und psychischen Gesetzen, die die gesamte menschliche Rasse als ein Ganzes regieren. Aus diesem Grund kann die mögliche Lebensdauer des Menschen ebenso gut ermittelt werden wie die Grenze der Belastbarkeit von Metallen beim Brückenbau durch den Ingenieur. Jede Wesensform in Gestalt des Menschen, die aus diesen Bestandteilen zusammengesetzt ist, wird daher in ihrer Lebensdauer durch die Gesetzmäßigkeiten der Evolutionsperiode bestimmt, in der sie existiert. Heute liegt die Lebensdauer zwischen 70 und 100 Jahren, aber eine längere ist möglich. So gibt es Zeugnisse in der Menschheitsgeschichte, die berichten, dass ganz normale Menschen an die 200 Jahre gelebt haben. Durch die Kenntnis okkulter Naturgesetze kann die Lebensdauer sogar bis auf etwa 400 Jahre ausgedehnt werden.

Der sichtbare physische Mensch wird gebildet aus:	Gehirn Nerven Blut Knochen Lymphe Muskeln Sinnesorgane, Organe der Tätigkeit Haut
Der unsichtbare physische Mensch besteht aus:	Astralkörper Emotionen, Wünsche Lebensprinzip (*Prâṇa* oder *Jîva*)

Aus dieser Aufstellung ist zu ersehen, dass der physische Teil unserer Konstitution in einen Bereich übergeht, der zwar für das physische Auge unsichtbar, aber dennoch auch materiell und dem Zerfall unterworfen ist. Weil die Allgemeinheit gewohnt ist, nur das als wirklich anzuerkennen, was sie mit ihren physischen Augen wahrnehmen kann, ist sie der Überzeugung, dass das Unsichtbare weder materiell noch real ist. Dabei wird jedoch übersehen, dass selbst in unserer Erdregion giftige Gase existieren, die zwar unsichtbar, jedoch sehr real sind und erhebliche Auswirkungen haben. Auch kann Wasser in der Luft aufgelöst und unsichtbar sein, bis sich die Umweltbedingungen ändern und seinen Niederschlag veranlassen.

Nun möchte ich das zuvor Beschriebene kurz zusammenfassen, bevor ich auf Einzelheiten eingehe. Der *wahre Mensch* ist die Triade *Âtma-Buddhi-Manas* oder Geist, Erkenntniskraft und Gemüt. Er benutzt gewisse Instrumente und Mittel, um mit der Natur in Berührung zu kommen, damit er sich selbst erkennen möge. Diese Instrumente und Mittel sind in der niederen Vierheit zu finden, in der jedes Prinzip für sich selbst ein Instrument für die speziellen Erfahrungen ist, die zu seiner Region gehören. Der Körper ist das niederste und unbedeutendste und auch das vergänglichste der vier Prinzipien. Denn wenn wir vom *höheren Gemüt* zum Körper (Rûpa) herabsteigen, so kann gezeigt werden, dass all seine Organe dann sinnlos und nutzlos sind, wenn ihnen der innere Mensch fehlt. Sehen, Hören, Fühlen, Schmecken und Riechen gehören nicht dem Körper an, sondern dem zweiten, unsichtbaren, aber dennoch physischen Menschen, weil die wirklichen Organe für die Betätigung derartiger Kräfte im Astralkörper ruhen, während die wahrnehmbaren Sinne im physischen Körper nur die mechanisch wirkenden äußeren Instrumente zur Herstellung der Verbindung zwischen der Natur und den inneren Organen sind.

5. Kapitel

Körper und Astralkörper

Der Körper als eine Masse von Fleisch, Knochen, Muskeln, Nerven, Gehirnsubstanz, Galle, Schleim, Blut und Haut ist für viele Menschen Gegenstand von zu großer Fürsorge. Sie erheben ihn zu ihrem Gott, weil sie gewohnt sind, sich mit ihrem Körper zu identifizieren, und immer nur ihn meinen, wenn sie „Ich" sagen. Sich selbst überlassen, ist der Körper jedoch jedes Sinnes bar und handelt in einem solchen Fall lediglich durch reflexartige und automatische Tätigkeit. Dies sehen wir im Schlaf, denn dann nimmt der Körper zum Teil Haltungen an und macht Bewegungen, die der wachende Mensch nicht erlauben würde. Er ist der Mutter Erde gleich, weil auch er aus einer unendlichen Anzahl von „Leben" besteht. Jedes dieser Leben ist ein empfindendes Lebenszentrum. Auch die Mikroben, Bazillen und Bakterien, die wir bewirten, sind wiederum aus anderen Leben zusammengesetzt, und diese wiederum aus noch kleineren Leben. Diese „Leben" sind nicht die Zellen des Körpers, vielmehr bilden sie die Zellen und halten sich dabei stets innerhalb der Grenzen, die den Zellen durch die Evolution gezogen werden. Sie bewegen sich ständig und wirbeln durch den ganzen Körper. Dabei befinden sie sich in scheinbar leeren Räumen und ebenso in Fleisch, Haut, Knochen und Blut. Und tatsächlich treten sie bis auf eine gewisse messbare Entfernung über die äußeren Grenzen des Körpers hinaus.

Eines der Rätsel des physischen Lebens liegt in diesen „Leben" verborgen. Ihre durch die Lebenskraft – *Prâṇa* oder *Jîva* – bewirkte Bewegung erklärt die tätige Existenz und den physischen Tod. Sie werden in zwei Klassen geteilt: in die Zerstörer und die Erhalter. Beide kämpfen gegeneinander von der Geburtsstunde an bis zum Sieg der Zerstörer. In diesem Ringen beendet die Lebenskraft selbst den Kampf, denn es ist Leben, das tötet! Dies mag paradox erscheinen, wird aber in der theosophischen Philosophie als Tatsache gewertet. Denn das Kind lebt, weil die Kombination der gesunden Organe fähig ist, das Leben zu absorbieren, von dem es im Raum umgeben ist. Jeden Tag wird es durch die überwältigende Stärke des Lebensstromes in Schlaf versetzt, weil die Erhalterzellen des jungen Körpers durch die Klasse der Zerstörer noch nicht beherrscht werden. Die Prozesse des Einschlafens und Wiederaufwachens dienen einzig und allein der Wiederherstellung des Gleichgewichtes während des Schlafes, das durch unsere Tätigkeiten während des Tages gestört wird. Dies kann mit dem Licht einer elektrischen Bogenlampe verglichen werden, bei der der strahlende Lichtbogen in der Zone des Widerstandes das Symbol des wachenden, aktiven Menschen ist. Im Schlaf nehmen wir die Lebensenergie auf und leisten ihr keinen Widerstand, während wir sie im Wachzustand zurückdrängen. Da uns die Lebensenergie jedoch wie ein Ozean, in dem wir schwimmen, völlig umgibt, sind unsere Widerstandskräfte notwendigerweise begrenzt, um die Lebensenergie zurückzudrängen. Besonders dann, wenn wir erwachen, befinden wir uns mit unseren Organen und unserer Lebenskraft in einem Gleichgewicht; wenn wir hingegen in den Schlaf fallen, sind wir mehr mit der Lebenskraft aufgeladen als am Morgen. Sie erschöpft uns und tötet schließlich den Körper. Ein solcher Konflikt kann nicht ewig währen, da das Leben des gesamten Sonnensystems den Widerstandskräften eines kleinen Menschenorganismus entgegensteht.

Unser Körper ist der vergänglichste, unbeständigste und illusorischste Teil unserer siebenfältigen Konstitution, nicht für einen Augenblick bleibt er sich gleich. Zwar kann man ihn berühren, doch er ist niemals vollständig oder vollendet, sondern ständig in jedem Teil in Veränderung und Bewegung begriffen. Die „Alten“ haben das klar erkannt, denn sie verbreiteten eine Lehre, die sie Naimittika- oder Nitya-Pralayâ* nannten: der ständige Wechsel in den stofflichen Dingen, die fortwährende Veränderung. Dieser Prozess ist nun auch der heutigen Wissenschaft bekannt. Man weiß, dass sich der Körper innerhalb von

* Vgl. Gottfried von Purucker: *Grundlagen der Esoterischen Philosophie.* Hannover, [4]2003, S. 67 (d. Ü.).

sieben Jahren vollständig verändert und erneuert. Nach Ablauf von sieben Jahren ist der Körper nicht mehr derselbe, der er anfangs war. Am Ende unserer Tage hat er sich siebenmal oder noch häufiger völlig erneuert. Dennoch scheint er von der Reife bis zur Todesstunde ungefähr der gleiche zu sein, und der Körper ist eine menschliche Form von der Geburt an bis zum Alter. Hierin liegt ein Geheimnis, das seitens der Wissenschaft nicht erklärbar ist. Das Problem hängt mit der Zelle zusammen und mit jenen Kräften, durch die die menschliche Form aufrechterhalten wird.

Die Zelle *an sich* ist eine Täuschung, eine bildhafte Vorstellung. Als physische Zusammensetzung hat sie keine dauerhafte, losgelöste Existenz, denn jede Zelle wird wiederum aus anderen Einheiten gebildet. Was aber ist eine Zelle dann? Sie ist die ideale Form, in der sich die physischen Atome – die aus den „Leben" aufgebaut sind – anordnen. Während die physischen Moleküle beständig in den Körper ein- und ausfließen, verlassen sie auch die Zellen in jedem Moment wieder. Daher gibt es keine feste physische Zelle, sondern nur ihre sie umschließenden Grenzen, ihre ideellen Wände und die allgemeine Form. Die Moleküle nehmen ihre Position innerhalb der Idealform entsprechend den Gesetzen der Natur ein und verlassen sie fast sofort wieder, um anderen Atomen Platz zu machen. Und was für den Körper gilt, gilt auch für die Erde und das Sonnensystem. Ebenso verhält es sich mit allen materiellen Dingen, wenn auch in geringerem Maße. Alles ist in fortwährender Bewegung und Veränderung. Das ist moderne, aber auch uralte Wissenschaft. Sie hilft uns zu erkennen, wie illusorisch und vergänglich unser Körper ist.

Obgleich, genau genommen, das zweite Prinzip des Menschen der Astralkörper ist – im Sanskṛit *Liṅga-śarîra* (Modellkörper) –, ist es ratsam, Astralkörper und Lebenskraft – *Prâṇa* oder *Jîva* – einer gemeinsamen Betrachtung zu unterziehen, denn unserer Wahrnehmung offenbart sich das Phänomen Leben in Verbindung mit dem Körper wesentlich deutlicher.

Leben ist weder das Resultat der Organtätigkeit, noch ist es erloschen, wenn sich der Körper auflöst. Leben ist ein das ganze Universum durchdringendes Prinzip, es ist der Ozean, in dem die Erde schwimmt. Leben durchdringt die Erde und jedes Lebewesen und alles auf und in ihr Existierende. Leben wirkt unaufhörlich in und um uns, für immer pulsiert es gegen und durch uns. Wenn wir einen Körper bewohnen, so benutzen wir ihn nur als ein spezialisiertes Instrument für die Verbindung mit dem Lebensprinzip oder der Vitalität, *Prâṇa* und *Jîva*. Genau genommen ist *Prâṇa* der Atem, und da der Atem für die Erhaltung des Lebens in der menschlichen Konstitution notwendig ist, so ist Prâṇa das bessere Wort. *Jîva* bedeutet „Leben", ein lebendes Wesen, dessen Essenz reine, lebendige Individualität ist, denn Leben *an sich* entstammt dem allerhöchsten Leben selbst. *Jîva* kann daher bei allgemeinen Definitionen angewandt werden, während *Prâṇa* eine speziellere Bedeutung hat. Es kann nicht gesagt werden, dass wir eine bestimmte Menge an Lebensenergie besitzen – die zu ihrer Quelle zurückkehrt, wenn unser Körper verbrannt wird –, sondern vielmehr, dass die Lebensenergie auf den physischen Körper, der eine Masse von Lebensatomen ist, einwirkt. Wir scheiden sie gewissermaßen aus oder benutzen sie, indem wir leben. Denn ob wir lebendig oder tot sind, die Lebensenergie ist immer da: während des Lebens in unseren Organen, um sie lebensfähig zu erhalten, und im Tod in den unzähligen Kreaturen, die durch die Auflösung unseres Körpers frei werden. Wir können uns von dieser Lebensflut ebenso wenig befreien wie von der Luft, in der die Vögel fliegen. Und gleich der Luft erfüllt die Lebenskraft alle Räume der Planeten, sodass wir sie nirgendwo entbehren müssen, aber ihrer erdrückenden Kraft letztendlich auch nicht entgehen können. Damit die Lebenskraft – *Prâṇa* – jedoch auf den physischen Körper einwirken kann, benötigt sie ein Gefäß, einen Vermittler oder eine Führung, und dieses Gefäß ist der Astralkörper.

Es gibt verschiedene Bezeichnungen für den Astralkörper, zum Beispiel *Liṅga-śarîra* (Sanskṛit) oder Modellkörper, die beste aller Bezeichnungen; ferner ätherisches Doppel, Phantom, Spukgeist, Erscheinung, *Doppelgänger,* persönlicher Mensch, Perisprit, unvernünftige Seele, Tierseele, *Bhûta,* Elemental, Gespenst, Teufel, Dämon. Einige dieser Bezeichnungen beziehen sich lediglich auf den Astralkörper, wenn er nach dem Tod von dem Körper befreit ist. Bhûta, Elementargeist und

Teufel bedeuten nahezu das Gleiche: *Bhûta* ist ein Sanskṛitausdruck, Elementargeist und Teufel sind moderne Ausdrücke. Den Hindus zufolge ist *Bhûta* der Astralkörper, wenn er durch den Tod vom Körper und vom Gemüt befreit und somit vom Gewissen getrennt ist. Er gilt bei ihnen als Teufel. Mit dieser Anschauung liegen sie nicht falsch, wenn wir die alte Vorstellung aufgeben, ein Teufel sei ein vom Himmel gefallener Engel, denn dieser körperliche Teufel ist das Produkt menschlicher Fantasie.

Es mag eingewandt werden, der Ausdruck Astralkörper sei nicht der richtige für den vorliegenden Zweck. Dieser Einwand ergibt sich aber nur aus der Art und Herkunft der westlichen Sprachen, die sich unter Handelsvölkern entwickelt haben. Daher sind die entsprechenden Ausdrücke, die notwendig sind, um den großen Bereich der Fähigkeiten und Organe des unsichtbaren Menschen zu bezeichnen, noch nicht geprägt worden. Und da die westlichen Philosophen die Existenz dieser inneren Organe bis heute nicht zugegeben haben, existieren auch keine geeigneten Ausdrücke für sie. „Astralkörper“ war daher der einzige Ausdruck für den inneren Körper, der sich anbot. Er kommt auch den Tatsachen sehr nahe, da – allgemein gesprochen – die Substanz der Astralkörper kosmische Materie oder Sternenmaterie ist. Das alte Sanskṛitwort beschreibt jedoch die Sache genau: *Liṅga-śarîra,* Modellkörper, da er das Muster oder Modell für den physischen Körper ist. *Liṅga-śarîra* ist auch besser als „Ätherkörper“, weil dieser als dem physischen folgend angesehen werden könnte, während der Astralkörper tatsächlich dem materiellen Körper vorausgeht.

Verglichen mit dem physischen Körper besteht der Astralkörper aus einer sehr feinstofflichen materiellen Struktur. Er ist sehr dauerhaft, sodass er sich während der Lebenszeit nur wenig verändert, während sich der physische Körper ständig wandelt. Das Liṅga-śarîra besitzt nicht nur eine gewaltige Stärke, sondern auch eine enorme Elastizität, die seine Ausdehnung bis zu einer beträchtlichen Entfernung gestattet. Es ist biegsam, plastisch, dehnbar und sehr stark. Die Materie, aus der es besteht, ist essenziell elektrisch und magnetisch. Sie gleicht jenem Stoff der Materie, aus dem die ganze Welt in der fernen Vergangenheit bestand. Die Evolutionsprozesse hatten damals noch nicht jenen Punkt erreicht, der nötig war, um den materiellen Körper des Menschen bilden zu können. Die Materie des Astralkörpers ist weder roh noch grob, vielmehr ist sie bereits durch eine ungeheuer lange Evolutionsperiode gegangen und hat dabei sehr viele Reinigungsprozesse durchlaufen. Dadurch wurde sie derart verfeinert, dass sie die groben physischen Elemente, die wir mit unseren Augen sehen und mit unseren Händen berühren, weit übertrifft.

Der Astralkörper ist das Leitmodell für den menschlichen Körper, und alle anderen Naturreiche haben entsprechende Astralmodelle. Pflanzen, Minerale und Tiere haben ihr ätherisches Doppel. Hierin liegt die einzig mögliche Antwort auf die Frage, warum der Same stets wieder seine eigene Art erzeugt und alle fühlenden Wesenheiten ihresgleichen hervorbringen. Biologen können nur sagen, dass dies tatsächlich so ist, sie vermögen jedoch keinen Grund anzugeben, warum aus einer Eichel niemals etwas anderes als eine Eiche hervorwachsen wird. Sie wissen nur, dass kein Mensch jemals etwas anderes beobachtet hat. Den Mysterienschulen der Vergangenheit aber war die wahre Lehre bekannt, und nun wurde sie durch die großen Anstrengungen H. P. Blavatskys und anderer sowie durch jene, die in ihren Werken Inspiration gefunden haben, in heutiger Zeit dem Westen wiedergegeben.

Die Lehre über den Astralkörper erklärt, dass die verschiedenen Naturreiche in früheren Zeiten der Erdevolution zuerst im Plan, in gedachter oder ideeller Form existieren. Sodann beginnt die Astralmaterie, auf diese Idealformen mit Hilfe des Lebensprinzips einzuwirken, bis nach langen Zeitaltern die menschliche Astralform entwickelt und vollendet ist. Sie ist also die erste Form, die die menschliche Rasse annahm, und entspricht allegorisch dem Zustand des Menschen im Garten Eden. Nach einer weiteren langen Periode, in der der Zyklus des Abstiegs in die Materie weiter fortgesetzt wird, bedeckt sich die Astralform schließlich mit einem „Rock aus Fellen", und die gegenwärtige physische Form betritt die Weltbühne. Dies ist die Erklärung des Verses in der *Genesis,* dem zufolge Adam und Eva „Röcke aus Fellen" erhielten. Es ist der endgültige Fall des Menschen in die dichte

Materie, denn von diesem Punkt an bemüht sich der innere Mensch, die ganze Masse physischer Lebens-Substanz auf eine höhere Stufe zu erheben und sie mit einem größeren Maß an spirituellem Einfluss zu durchdringen, damit sie bereit ist, während der nächsten großen Evolutionsperiode, wenn sich die gegenwärtige erschöpft hat, noch weiter fortzuschreiten. So ist also in heutiger Zeit der Astralkörper das Modell für das im Mutterleib heranwachsende Kind. Der Astralkörper des Kindes ist daher bereits vollständig entwickelt, noch bevor es geboren wird. Nach diesem Astralmodell ordnen sich die Moleküle an, bis der Körper des Kindes ausgebildet ist. Die Existenz des ätherischen Modellkörpers erklärt auch, wie sich die Form des Kindes entwickelt, wie die Augen von innen auf die Oberfläche des Gesichtes hervortreten und manch andere rätselhafte Vorgänge der Embryologie, die von Ärzten zwar beschrieben, aber nicht erklärt werden können. Das erklärt auch – besser als alles andere –, warum Kinder bereits im Mutterleib Missbildungen aufweisen, was von Ärzten manchmal geleugnet wurde, aber dennoch bekannt ist und häufig vorkommt. Die wachsende physische Form ist dem Astralmodell unterworfen, und dieses Astralmodell ist durch physische und psychische Organe mit der Imagination der Mutter verbunden. Erzeugt die Mutter ein starkes Gedankenbild aus Schrecken, Furcht und anderen Angst einflößenden Vorstellungen, wird das Astralmodell des Kindes entsprechend beeinflusst, so dass die Moleküle kein intaktes Modell mehr haben, nach dem sie sich anordnen können. Ein anderes Beispiel mag das Vorhandensein des Astralkörpers verdeutlichen: Wenn einem Patienten ein Finger, ein Arm oder ein Bein amputiert wird, wird das entsprechende Astralglied durch die Operation nicht berührt, sodass der Patient mitunter das Gefühl hat, als sei sein amputiertes Glied noch immer vorhanden, da er es regelrecht fühlt und oft auch noch sieht. Nicht selten wird der Amputierte auch von starken Schmerzen gepeinigt, obwohl ihm das entsprechende Glied amputiert wurde, denn Messer und Säuren können den Astralkörper nicht verletzen. In den ersten Stadien des embryonalen Wachstums können die Vorstellungen und Imaginationen der Mutter jedoch die Wirkung von starken Säuren und Stahl auf die sich entwickelnde Form haben.

Beim Durchschnittsmenschen kann sich der Astralkörper nicht weiter als einige Fuß* vom physischen Körper entfernen. Der Astralkörper ist ein Teil des physischen Körpers, unterstützt ihn und ist in ihn eingebettet, so wie die Fasern der Mango die ganze Frucht durchziehen. Es gibt aber Menschen, die aufgrund psychischer Praktiken in früheren Erdenleben mit der Fähigkeit geboren werden, den Astralkörper unbewusst auszusenden. Hierzu gehören Medien, manche Seher und viele andere psychisch gestörte Menschen. Nur jene Menschen, die eine lange Schulung in außerordentlich harter Disziplin durchlaufen haben, die moralisches und ethisches Verhalten einschließt, können die Astralform willentlich gebrauchen. Ihre Erkenntnis geht weit über die des normalen Menschen von heute hinaus. Die Illusion, der physische Körper sei ein beständiger Teil des Menschen, haben sie völlig überwunden. Zudem haben sie die chemisch und elektrisch wirkenden Gesetzmäßigkeiten kennengelernt, die der Materie zugrunde liegen. Unter dieser Voraussetzung handeln sie wissentlich und bewusst. Ohne die nötige Schulung wird der Astralkörper jedoch ausgesandt, ohne dass der Besitzer die Möglichkeit hat, den Vorgang zu verhindern oder bewusst zu jeder Zeit zu veranlassen. Er ist auch nicht in der Lage, Gefahren und Angriffe zu vermeiden, die mit dem Gebrauch derart starker Naturkräfte einhergehen.

Der Astralkörper enthält die Organe der äußeren Sinneswerkzeuge, das Sehen und Hören, die Fähigkeit zum Riechen und Schmecken sowie den Tastsinn. Er hat ein vollständiges eigenes System von Nerven und Arterien zur Weiterleitung des astralen Fluidums, das für den Astralkörper das Gleiche ist wie das Blut für den physischen Körper. Der Astralkörper ist der eigentliche persönliche Mensch, denn er enthält die unterbewusste Wahrnehmung und das latente Gedächtnis, die das Arbeitsfeld heutiger Psychologen sind. In den meisten Fällen haben Psychologen jedoch keine Kenntnis vom Astralkörper. Aus alledem wird ersichtlich, dass beim Tod zwar der Körper stirbt, der astrale Mensch jedoch frei wird. Während der unsterbliche Mensch – die Triade – beim Tod in einen höheren Zustand übergeht, wird der

* 1 Fuß = 30,48 cm.

Astralmensch zu einer leeren Schale des einst lebenden Menschen, die eine gewisse Zeit zu ihrer Auflösung benötigt. Ihr haften alle Erinnerungen aus dem Leben des einstigen Menschen an, und sie kann daher reflexartig und automatisch all das wiederholen, was der nun tote Mensch wusste, sagte, dachte und tat. Diese astrale Hülle bleibt bis zu ihrer völligen Auflösung fast immer in der Nähe des vom Verstorbenen verlassenen physischen Körpers und muss ihren eigenen Sterbeprozess durchlaufen. Unter gewissen Umständen kann die astrale Hülle sichtbar werden, keineswegs jedoch der Verstorbene selbst. Sie ist das Gespenst in spiritistischen Sitzungen, in denen sie dazu genötigt wird, unter der Maske dieser oder jener gewesenen Person ein Scheinleben zu führen. Angezogen von den Gedanken des Mediums und der Zirkelteilnehmer, flattert sie sodann unsicher in deren Nähe umher. Durch Scharen von Elementalen sowie durch den aktiven Astralkörper des Mediums, das die Séance abhält, sowie anderer medial veranlagter Personen unter den Sitzungsteilnehmern wird sie zu einem Scheinleben erweckt. Von dieser Scheinhülle werden dann (wie von einer fotografischen Linse) all jene fragwürdigen Beweise, deren sich Spiritisten rühmen und mit denen sie die Identität verstorbener Freunde oder Verwandten feststellen wollen, in das Gehirn des Mediums reflektiert. Diese Erscheinungen gelten als Beweis dafür, dass der Geist des Verstorbenen gegenwärtig ist, doch weder Medium noch Zirkelteilnehmer sind mit den Gesetzmäßigkeiten vertraut, die ihre eigene Konstitution beherrschen, und schon gar nicht mit der Beschaffenheit, den Kräften und Wirkungsweisen astraler Materie und des astralen Menschen.

Die theosophische Philosophie leugnet die in spiritistischen Sitzungen bewiesenen Tatsachen nicht, erklärt sie aber völlig anders. Dass diese sogenannten Geister für die von ihnen hervorgebrachten Phänomene keine logische, wissenschaftliche Erklärung liefern können, unterstützt zweifellos die Behauptung, dass sie überhaupt kein übertragbares Wissen besitzen. Sie können keineswegs Wissen mitteilen, sondern lediglich Phänomene erzeugen, die nur durch jene geschulten Menschen richtig untersucht und interpretiert werden können, deren

Denken von einer ganzheitlichen Dreiheit von Geist, Seele und Gemüt geleitet wird.

Eine andere Art spiritistischer Erscheinungen muss hier noch kurz erwähnt werden, die Materialisierung sogenannter „Geister". Es werden drei Erklärungen gegeben:

1. Der Astralkörper des Mediums löst sich von dessen Körper und nimmt die Gestalt des sogenannten Geistes an, denn eine der Eigenschaften astraler Materie ist die Fähigkeit, ein unsichtbar im Äther existierendes Bild widerzuspiegeln.
2. Die astrale Schale, die von dem Geist, der Seele und dem Gewissen des Verstorbenen völlig verlassen ist, wird sichtbar und fühlbar, wenn Luft und Äther einen Zustand einnehmen, der die Schwingungen der Moleküle der astralen Hülle so verändert, dass sie für unsere Sinne sichtbar werden. Die Phänomene der Dichte und scheinbaren Schwere werden durch andere Gesetze erklärt.
3. Es wird eine unsichtbare Masse elektrischer und magnetischer Materie angesammelt. Auf diese Materie wird dann aus dem Astrallicht das Bild einer beliebigen toten oder lebenden Person reflektiert, das für den „Geist" der betreffenden Person gehalten wird, was aber nicht zutrifft. H. P. Blavatsky hat dieses Phänomen zu Recht als „psychologischen Betrug" bezeichnet, weil es etwas vorgaukelt, was es nicht ist. Und seltsam genug, die gleiche Erklärung für Materialisationen gab ein sogenannter „Geist" während einer regulären Sitzung ab. Sie wurde von den Spiritisten jedoch niemals angenommen, weil sie deren Anschauung über die Wiederkehr von Geistern Verstorbener über den Haufen wirft.

Das Wissen über den Astralkörper erklärt nahezu alle jene seltsamen psychischen Phänomene, die sich im täglichen Leben bei geschulten Menschen ereignen können. Es zeigt, was eine Erscheinung sein kann und wie sie sichtbar wird. Den wissenschaftlichen Skeptiker bewahrt das Wissen um den Astralkörper auch davor, seinen gesunden Verstand zu vergewaltigen, indem er behauptet: Ich habe nicht gesehen, wovon ich doch weiß, dass ich es gesehen habe. Der Astralkörper offenbart die wahre Natur dieser Phänomene. Er tilgt auch den Aberglauben und beseitigt die unverständliche Furcht vor dem Unbekannten, die Angst vor „Gespenstern“. Mit Hilfe des Astralkörpers kann auch das Apportieren von Gegenständen ohne physische Hilfe erklärt werden, denn die Astralhand kann ausgestreckt werden, um Gegenstände zu ergreifen und heranzuholen. Wenn dies als möglich erwiesen ist, wird man auch Reisende nicht mehr auslachen, die von indischen Yogins erzählen, die Kaffeetassen durch die Luft fliegen ließen, ohne dass sie diese berührt hatten, und die gesehen haben, wie entfernte Gegenstände scheinbar aus eigenem Antrieb näher kamen. Auch alle Fälle von Hellsehen und Hellhören können durch den Astralkörper und das Astrallicht erklärt werden. Die astralen, also die wirklichen Organe ermöglichen das Sehen und Hören. Da alle materiellen Gegenstände innerhalb ihrer eigenen atomaren Zusammensetzung in ständiger Bewegung sind, wird das astrale Sehen und Hören nicht behindert, es funktioniert vielmehr auf eine Entfernung, die der Ausdehnung des Astrallichts und der astralen Materie, die die Erde umgibt, entspricht. Daher konnte der Seher Swedenborg in Stockholm Häuser brennen sehen, obwohl er sich viele Meilen entfernt in Kopenhagen befand. Auf die gleiche Art und Weise sieht und hört auch jeder heutige Hellseher auf die Entfernung.

6. Kapitel

Kâma – Begierde

Kâma ist das vierte Prinzip der menschlichen Konstitution. Die Sanskṛit-Bezeichnung bedeutet „Wunsch". Da in Bezug auf den Körper auch die Idee vermittelt werden sollte, dass das vierte Prinzip „der Körper oder die Ansammlung von Begierden und Leidenschaften" ist, wurde das Sanskṛitwort *Rûpa* für Körper oder Form hinzugefügt, sodass das zusammengesetzte Wort *Kâma-rûpa* entstand. Ich werde dieses Prinzip aber mit seinen westlichen Äquivalenten – Leidenschaften und Begierden – bezeichnen, weil diese Begriffe seine Natur genau zum Ausdruck bringen. Ich tue dies auch, um den großen Unterschied zwischen der Psychologie und der Philosophie des Westens und des Ostens deutlich hervorzuheben. Der Westen unterscheidet zwischen Intellekt, Wille und Gefühl, lässt aber nicht erkennen, ob die Leidenschaften und Begierden für sich selbst ein Prinzip bilden oder ob sie gänzlich dem menschlichen Körper angehören. Tatsächlich denken viele Menschen, das Prinzip Kâma entspränge den Begierden des Fleisches, denn es wird auch als „Fleischeslust" oder als „fleischliche Begierden" bezeichnet. Die alten Philosophen und die Theosophen hingegen wissen, dass Kâma ein eigenständiges Prinzip bildet und nicht nur die Impulse des Körpers umfasst. Die westliche Psychologie kann uns in dieser Frage keine Hilfe geben, da sie noch ohne jede Kenntnis über die innere oder psychische Konstitution des Menschen ist. Über diesen Punkt besteht auch die größte Meinungsverschiedenheit zwischen ihr und der Theosophie.

Leidenschaften und Begierden werden nicht durch den Körper hervorgerufen, sondern im Gegenteil, der Körper wird durch sie ins Dasein gebracht. Wunsch und Leidenschaft sind es, die unsere Geburt in einem Körper auf dieser Erde oder auf einem anderen Globus veranlassen. Durch Wunsch und Leidenschaft werden wir genötigt, in den

Wohnungen des Todes – unseren Leben auf Erden – zu evolvieren. Durch das Auftreten des Wunsches in der unbekannten Ursache, der einen absoluten Existenz, wurden die unzähligen Welten manifestiert, und mittels der Kraft des Wunsches in den nun manifestierten Welten werden diese in ihrer Existenz erhalten.

Unter den sieben Prinzipien ist das vierte Prinzip das Prinzip des Gleichgewichts. Es steht in der Mitte, und von ihm führen die Wege aufwärts und abwärts. Es ist die Grundlage für Tätigkeit und der Beweger des Willens. Die alten Hermetiker sagten treffend: „Hinter dem Willen steht der Wunsch." Denn ob wir nun Gutes oder Böses tun wollen, zuerst müssen wir in uns den Wunsch oder das Verlangen für einen der beiden Wege wecken. Der gute Mensch, der schließlich selbst ein Weiser werden mag, musste in einem seiner früheren Leben das Verlangen nach der Gemeinschaft mit heiligen Menschen erwecken und den Wunsch nach solchem Fortschritt lebendig erhalten, um seinen weiteren Weg finden zu können. Selbst ein Buddha oder Jesus musste zuerst in irgendeinem früheren Leben ein Gelübde – das ein Verlangen ist – ablegen, die Welt oder einen Teil von ihr zu schützen oder zu erlösen. Dieses Verlangen musste er in seinem Herzen während ungezählter Erdenleben lebendig erhalten. Im Gegensatz zum guten Menschen hat der übelgesinnte Mensch in Leben um Leben nur niedere, selbstsüchtige, bösartige Begierden in sich lebendig werden lassen, wodurch er das vierte Prinzip, Kâma, verunreinigt hat, anstatt es zu veredeln.

Die inneren, verborgenen Kräfte unserer Konstitution können für die Meisterschaft der Imagination nicht wirksam werden, solange das Wunschprinzip nicht stark genug ist. Denn obgleich die Imagination eine Form oder ein Modell erzeugt, kann der Wille doch nicht zur Tat werden, wenn er nicht vom Wunsch bewegt, geleitet und bis zum Äußersten angetrieben wird.

Die Wünsche und Leidenschaften haben daher zwei Aspekte: einen hohen und einen niederen. Der niedere Aspekt zeigt sich durch eine fortwährende Bewusstseinsverlagerung in den Körper und den Astralkörper. Der höhere Aspekt kommt von dem Einfluss der höheren

Dreiheit *Âtma-Buddhi-Manas* und aus dem Streben, das auf sie gerichtet ist. Dieses vierte Prinzip entspricht dem Zeichen Waage auf dem Weg der Sonne durch den Zodiak. Wenn die Sonne (die dem wirklichen Menschen entspricht) dieses Zeichen erreicht, schwingt sie im Gleichgewichtszustand. Ginge sie zurück, würden die Welten zerstört werden. Da sie aber vorwärts geht, wird die gesamte menschliche Rasse zur Vollkommenheit emporgeführt.

Während des Erdenlebens erstrecken sich die Wünsche und Leidenschaften – genauso wie der Astralkörper – über den gesamten niederen Menschen, und wie das ätherische Gegenstück unserer physischen Person können sie vergrößert oder verkleinert, geschwächt oder gestärkt, verschlechtert oder veredelt werden.

Beim Tod verschmilzt das Kâma-Prinzip mit dem Astralkörper, der dann zu einer bloßen Schale wird. Denn wenn ein Mensch stirbt, verlassen sein Astralkörper und das Prinzip der Leidenschaften, Wünsche und Begierden den physischen Körper gleichzeitig und verschmelzen miteinander. Erst von da an sollte die Bezeichnung *Kâma-rûpa* angewandt werden, denn das *Kâma-rûpa* entsteht aus einer Verbindung von Astralkörper und *Kâma,* und diese bilden zusammen eine Gestalt oder Form, die zwar normalerweise nicht sichtbar, aber doch materiell ist und sichtbar gemacht werden kann. Obgleich ohne Gemüt und Gewissen, besitzt dieses *Kâma-rûpa* doch eigene Fähigkeiten, die betätigt werden können, wenn es die Verhältnisse zulassen. Diese Verhältnisse werden zum Beispiel in spiritistischen Sitzungen durch Medien herbeigeführt. In jedem Séance-Raum sind stets Astralhülsen Verstorbener anwesend. Sie täuschen die Zirkelteilnehmer derart, dass deren Unterscheidungskraft vor lauter Verwunderung getrübt wird. Die Astralhülsen sind die „Teufel" der Hindus, und einen schlimmeren Feind könnte das arme Medium nicht haben. Denn das Astralgespenst oder *Kâma-rûpa* ist nur eine Ansammlung von niederen Trieben und Leidenschaften, die von dem wirklichen Menschen, der in den „Himmel" geflohen ist, verlassen wurden. Dieser hat keine Beziehungen mehr zu seinen Hinterbliebenen, am allerwenigsten zu Séancen und Medien. Der edleren Seele bar, beeinflussen die

Leidenschaften und Begierden auch nur den niedersten Wesensteil des Mediums, sie regen keine guten Elemente an, sondern immer nur die niederen Neigungen des Mediums und der Sitzungsteilnehmer. Daher kommt es auch, was selbst die Spiritisten zugeben müssen, dass in den Reihen der Medien viel Betrug begangen wird, und Medien haben oft bekannt: „Die Geister haben mich verleitet, ich habe auf ihren Wunsch hin den Betrug verübt."

Das *Kâma-rûpa*-Gespenst ist auch der Feind unserer Zivilisation, die noch immer die Todesstrafe zulässt. Beim Vollzug der Todesstrafe werden Massen von Begierden und Leidenschaften frei und in den Äther hinausgeschleudert, die, vom Gewicht des Körpers befreit, beständig eine gefährliche Anziehungskraft auf sensible Menschen ausüben. Durch diese Anziehung werden dann die schrecklichen Bilder der Verbrechen und der Hinrichtung sowie alle Flüche und Rachegelüste des Verurteilten auf lebende Personen übertragen, die das Übel nicht erkennen und es daher auch nicht abwehren können. So werden von den Staaten, in denen die Todesstrafe noch vollstreckt wird, tagtäglich vorsätzlich Verbrechen und Anregungen zu neuen Verbrechen begünstigt.

Die Astralhülsen bringen im Verbund mit dem Astralkörper des Mediums und unter Beihilfe sogenannter „Elementale", der elementalen Naturkräfte, nahezu alle Phänomene des nicht betrügerischen Spiritismus hervor. Der Astralkörper, der die Fähigkeit zur Ausdehnung hat und aus dem Medium austreten kann, bildet das Gerüst für die „materialisierten Geister". Mittels seines Astralkörpers bewegt das Medium Gegenstände, ohne physischen Kontakt zu haben, und überbringt Nachrichten von verstorbenen Verwandten, die aber nichts anderes beinhalten als Erinnerungen und Bilder aus dem Astrallicht. Für alle diese Tätigkeiten benutzt das Medium die Astralhülsen von Selbstmördern und Hingerichteten und all jenen Astralbewohnern, die mit unseren Lebensregionen eng verbunden sind – oder das Medium wird selbst von ihnen benutzt. Die Anzahl der Fälle, in denen eine Mitteilung von einem vom Körper befreiten Verstorbenen stammt, ist so gering, dass sie fast an den Fingern einer Hand abgezählt werden können. Manchmal kommen auch die Spirits lebender Menschen zu spiritistischen Sitzungen, während ihr Körper im Schlaf liegt. Aber diese Menschen können sich nicht daran erinnern und wissen auch nicht, wie sie es fertigbringen. Auch können die Medien sie nicht von den Astralhülsen unterscheiden. Die Tatsache, dass Vorgänge dieser Art von dem inneren Menschen ausgeführt werden können, ohne dass er sich dessen dann im Tagesbewusstsein zu erinnern vermag, ist kein Beweis dafür, dass derartige Vorgänge nicht stattfinden. Ein Kind kann auch sehen, ohne zu wissen, wie seine Augen funktionieren, und die Verdauungsprozesse von jemand, der keine Ahnung von den komplexen Vorgängen in seinem Körper hat, werden dennoch bestens ausgeführt. Dass der Verdauungsprozess für uns unbewusst abläuft, ist mit dem Geschilderten durchaus vereinbar, denn diese Handlungen des inneren Menschen sind die unbewussten Tätigkeiten des unterbewussten Gemütes. Die Worte „bewusst" und „unterbewusst" sind natürlich nur relativ, und Unbewusstsein bezieht sich lediglich auf das Gehirn. Die Astralhülsen oder *Kâma-rûpas* von Selbstmördern und hingerichteten Verbrechern hängen am zähesten zusammen, sie existieren am längsten und sind uns von allen Schatten des Hades am nächsten. Daher sind sie auch notwendigerweise die wirklichen „Beherrscher" der spiritistischen Sitzungen.

Leidenschaft und Begierde sowie der astrale Modellkörper sind sowohl dem Menschen- und Tierreich als auch dem Pflanzenreich gemeinsam, auch wenn sie im Letzteren nur schwach entwickelt sind. In einer bestimmten Periode der Evolution waren keine weiteren materiellen Prinzipien entwickelt, und die drei höheren Prinzipien – Gemüt, Seele, Geist – waren nur latent vorhanden. Bis zu diesem Punkt standen Mensch und Tier auf relativ gleicher Stufe, denn das Tierische in uns ist aus den Leidenschaften und dem Astralkörper erwachsen. Erst die Entfaltung des Gemütes aus seinem Keimstadium brachte den großen Unterschied zwischen Mensch und Tier in der Evolution. Der innere Gott beginnt mit *Manas* oder Gemüt, und es ist das Ringen zwischen diesem Gott und dem Tierischen im Menschen, zu dem die Theosophie aufruft. Das niedere Prinzip wird böse genannt, weil es das im Vergleich mit dem höheren tatsächlich ist, aber dennoch ist es die Grundlage unseres Handelns. Wir können nicht aufwärtsgehen, bevor sich das niedere Selbst zu dem Verlangen aufrafft, besser zu handeln. Unter diesem Aspekt wird es *Rajas* genannt, die Eigenschaft des Verlangens, der Leidenschaft und Tätigkeit, im Gegensatz zu *Tamas*, der Eigenschaft der Finsternis, Illusion und Unwissenheit. Aufwärts zu streben ist jedoch nicht eher möglich, als bis *Rajas* den Impuls dazu gibt, denn durch den Gebrauch dieses Prinzips der Leidenschaften werden alle höheren Eigenschaften dazu gebracht, unsere Wünsche so zu erhöhen und zu verfeinern, dass sie schließlich dauerhaft auf die Wahrheit und den Geist gerichtet werden können. Die Theosophie lehrt damit jedoch nicht, dass wir unsere Leidenschaften pflegen oder befriedigen müssten, denn etwas Verwerflicheres ist niemals gelehrt worden. Dennoch fordert sie uns auf, von dem Drang zum Handeln, der von dem vierten Prinzip ausgeht, Gebrauch zu machen. Auf diese Weise können wir beständig emporsteigen und geraten damit nicht unter die Herrschaft der dunklen Eigenschaft, die mit Vernichtung endet, nachdem sie mit Selbstsucht und Unwissenheit begonnen hat.

Wie im Überblick gezeigt wurde, ist der Mensch auf der gegenwärtigen Stufe seiner Evolution eine vollentwickelte Vierheit, deren höhere Prinzipien nur teilweise entfaltet sind. Daher wird der Mensch von heute im Allgemeinen offensichtlich von seinen Leidenschaften und Begierden angetrieben. Den Beweis, dass viele Nationen der Erde von diesem niederen Prinzip beherrscht werden, finden wir insbesondere in Ländern, in denen die Verherrlichung von Gewalt, der Kampf um Macht und Weltgeltung vorherrschen. Sein Einfluss spiegelt sich dort in vielen Lebensgewohnheiten und Bräuchen wider, und die Befriedigung sinnlicher Begierden wird überwiegend als höchstes Gut erachtet. Da unser Gemüt jedoch während unseres evolutionären Fortschreitens mehr und mehr zur Entfaltung gelangt, kann in allen Ländern der beginnende Übergang von der niederen Vierheit – die den Keim für das wahre, höhere Gemüt besitzt – zu dem Menschen mit vollentwickeltem Gemüt beobachtet werden. Aus diesem Grund ist unsere eigene Zeit als „Übergangsperiode“ bekannt. Auch wenn Wissenschaft und Religion andere Anschauungen haben mögen, so sind doch die Beweise allenthalben sichtbar, dass sich das Bewusstsein der Menschen erweitert und verändert. Die Zeit des Dogmatismus ist weitgehend überwunden, unser Zeitalter ist das des Forschens und Fragens. Die Fragen nach der Kausalität der Lebenszusammenhänge werden Jahr um Jahr lauter und erfordern Antworten, die das stetig wachsende Gemüt befriedigen, bis zuletzt aller Dogmatismus verschwunden ist. Die Menschheit wird dann bereit sein, allen Problemen gegenüberzutreten, jeder persönlich für sich, aber alle für das Wohl des Ganzen arbeitend. Am Ende werden diejenigen Vollkommenheit erreicht haben, die sich bemühen, die tierischen Leidenschaften in sich zu besiegen. Zu diesem Zweck werden die zeitalteralten, unvergänglichen Lehren der Theosophie wieder veröffentlicht. Sie ermöglichen uns die Wahl, entweder unserer niederen Natur nachzugeben oder in die Höhe zu blicken und uns von unserer eigenen inneren Göttlichkeit regieren zu lassen.

7. Kapitel
Manas

In unserer Analyse der menschlichen Konstitution wurden bisher die vergänglichen Elemente betrachtet, die den niederen Menschen zusammensetzen. Dabei sind wir beim vierten Prinzip angelangt – dem der Wünsche –, ohne das Thema des Gemütes berührt zu haben. Aber selbst auf dem bisher beschrittenen Weg wird aufgefallen sein, dass sich ein weiter Abstand auftut zwischen den allgemeinen Ansichten über das Gemüt und den Ausblicken, die die Theosophie gibt. Im Allgemeinen wird das Gemüt als immateriell angesehen oder lediglich als eine Bezeichnung für die Tätigkeit des Gehirns bei der Gedankenbildung verwendet; über diesen Vorgang werden bestenfalls Vermutungen angestellt oder gefolgert oder es wird theoretisch gemutmaßt, dass da, wo kein Gehirn ist, auch kein Gemüt sein kann. Zwar wurde viel Mühe in den Versuch investiert, einige der mentalen Funktionen und Eigenschaften des Gemüts zu kategorisieren, aber den westlichen Sprachen fehlen Worte zur Bezeichnung metaphysischer und immaterieller Vorgänge, die den Menschen betreffen. Die Verwirrung und die Armut an Worten für diese Zwecke entspringen fast gänzlich zum einen der dogmatischen Religion und zum anderen der Auseinandersetzung zwischen Wissenschaft und Religion. Die dogmatische Religion hatte seit vielen Jahrhunderten Dogmen aufgestellt, die den Menschen aufgezwungen wurden, der reinen Vernunft jedoch oftmals widersprachen. Es brach ein Kampf zwischen Wissenschaft und Religion aus, in dessen Folge die dogmatischen Fesseln abgeworfen wurden, die die Religion der Wissenschaft angelegt hatte. So konnte sich die Wissenschaft nun ungehindert der Erforschung der tatsächlichen Naturvorgänge widmen, denn kirchliche Dogmen hinderten sie bis dahin daran, Mensch und Natur in ihrer ganzheitlichen, kausalen Zusammensetzung zu erforschen, sodass ein rein materialistisches Weltbild entstand. Daher sind das fünfte, das sechste und das siebente

Prinzip, die gemeinsam die Triade, den wirklichen Menschen, den unsterblichen Pilgrim bilden, weitgehend unbekannt.

Das fünfte Prinzip wird *Manas* genannt. Die Sanskṛitwurzel dieses Wortes bedeutet „denken", „nachdenken" oder „reflektieren", allgemein wird es mit „Gemüt" übersetzt. Diesem Prinzip wurden auch andere Namen gegeben. Im übertragenen Sinne bedeutet es jedoch der *Wissende,* der *Erkennende,* der *Denker.* Das sechste Prinzip ist *Buddhi,* das Prinzip, das dem Menschen spirituelles Bewusstsein und spirituelle Unterscheidungskraft verleiht. Das siebente, *Âtman,* Geist oder das Selbst, ist reines Bewusstsein *an sich,* der Strahl vom absoluten Sein. Mit den westlichen Sprachen kann *Manas* nur teilweise beschrieben werden, zur Beschreibung von *Buddhi* oder *Âtman* reichen sie jedoch nicht aus, und vieles, was noch über *Manas* zu erwähnen wäre, kann daher nicht gesagt werden.

Auf dem Wege der Evolution entwickelten sich die niederen Prinzipien, und schließlich nahm die Form des Menschen Gestalt an mit einem Gehirn, das eine bessere und größere Auffassungsgabe besitzt als das irgendeines Tieres. Dieser formhafte Mensch war jedoch noch nicht mit einem Gemüt begabt. Noch fehlte ihm das fünfte Prinzip, das Prinzip des Denkens und Erkennens, das ihm die Evolution aus dem Tierreich ermöglichte und ihm die Fähigkeit verlieh, Selbstbewusstsein zu erlangen. Die Monade, die aus *Âtman* und *Buddhi* besteht, war in diesen formhaften Menschen eingeschlossen, ohne dessen Gegenwart die Evolution der Monade nicht fortschreiten kann.

Gehen wir zu dem Punkt zurück, an dem die Rassen noch ohne Gemüt waren, so ergibt sich die Frage: „Wer gab das Gemüt, woher kam es, und was ist es?" Das Gemüt ist das Bindeglied zwischen dem göttlichen Geist oben und der Persönlichkeit unten. Es wurde den gemütlosen Monaden von höher evolvierten Monaden übertragen, die diesen Prozess bereits vor undenkbaren Zeiten auf anderen Welten und in anderen Sonnensystemen durchlaufen hatten. Es kam daher aus anderen Evolutionsperioden, die ihr Ende erreicht hatten, lange bevor unser Sonnensystem zu existieren begonnen hatte. Diese Lehre erscheint heutzutage seltsam und schwer annehmbar, doch sie muss angeführt werden, wenn die alten Wahrheiten in ihren universalen Zusammenhängen verstanden werden sollen. Theosophie ist nur der Vermittler für das Weitergeben der zeitalteralten Lehren.

Die Art und Weise, in der die Gemüter der Menschen, die in jener Zeit noch in Latenz verharrten, erleuchtet wurden, kann durch das Beispiel einer Kerze veranschaulicht werden: Eine einzige Kerze kann viele Kerzen anzünden. Haben wir eine brennende Kerze und zahlreiche nicht brennende Kerzen, so kann die Flamme und damit das Licht dieser einen Kerze an alle anderen weitergegeben werden. Ebenso verhält es sich mit Manas, es ist die brennende Kerze. Die gemütlosen Menschen, die bis zu dieser Entwicklungsstufe lediglich aus den vier elementaren Prinzipien Körper, Astralkörper, Lebens- und Wunschkraft bestanden, waren die nicht brennenden Kerzen, weil sie sich nicht selbst entzünden konnten. Die Söhne der Weisheit, die die Älteren Brüder einer jeden menschlichen Familie auf jedem Globus sind, haben das Licht des Gemütes ihrerseits von anderen hoch evolvierten Individuen erhalten, die in noch früheren Zeiten gelebt haben. Die Übergabe des Lichtes geht noch weiter zurück in endloser Reihenfolge, die weder einen Anfang noch ein Ende hat. So wurden periodisch zu allen Zeiten die vier niederen Prinzipien und die Monade entzündet und damit das *Manas* in den werdenden Menschen. Durch diesen entscheidenden Vorgang wurde eine weitere große Rasse für spätere Initiationen vorbereitet. Das Entfachen des *mânasischen* Feuers wird in allen großen Religionen, unter anderem auch in der Freimaurerei, symbolisch dargestellt: Im Osten erscheint ein Priester mit einer brennenden Kerze am Altar, und an dieser einen Kerze entzünden Tausende ihre Kerzen. Auch die Parsen haben ihr heiliges Feuer, das stets an einem anderen heiligen Feuer entzündet wird.

Manas oder der Denker ist das reinkarnierende Wesen, dessen spiritueller Teil den Tod überdauert und das alle Ergebnisse und Errungenschaften der verschiedenen Leben auf Erden und anderswo aufbewahrt. Sobald es sich mit einem Körper verbindet, teilt es sich in das höhere Manas und das niedere Manas. So ist es dem menschlichen Gehirn, das ein hochentwickelter Organismus ist, als Werkzeug von *Manas* möglich, Schlussfolgerungen aus Erlerntem zu ziehen. Diese

Fähigkeit unterscheidet auch den Menschen vom Tier, denn das Tier handelt aus sogenannten instinktiven Impulsen, während der Mensch seinen Verstand gebrauchen kann. Der Verstand ist der niedere Aspekt des Denkers oder von *Manas* und keineswegs, wie oft angenommen wird, die höchste und beste Begabung des Menschen. Sein anderer, in der Theosophie wesentlich höher bewerteter Aspekt ist die Intuition, durch die wir unabhängig vom Verstand Wissen erlangen können. Der niedere, rein intellektuelle Aspekt von Manas steht dem Prinzip der Begierde, Kâma, am nächsten. Er unterscheidet sich durch seine niederen Neigungen von seinem höheren Gegenstück, der Intuition, die ein Aspekt der oberen, unpersönlichen, spirituellen Prinzipien ist. Geht ein Mensch völlig in seinem Intellekt auf, so lebt er fast ausschließlich in seiner niederen Vierheit, denn der Intellekt allein ist kalt, herzlos und selbstsüchtig, weil er nicht von seinem höheren Manas und von den beiden höheren Prinzipien, *Buddhi* und *Âtman,* erleuchtet und erwärmt wird.

Im *Manas* sind die Gedanken aller Leben aufgespeichert. Das bedeutet, dass in jedem Leben die Gesamtsumme aller Gedanken, die den Handlungen der entsprechenden Lebenszeit zugrunde liegen, einen Grundcharakter bildet, der in mehrere Klassen unterteilt werden kann. So können Geschäftsleute, nur als allgemeines Beispiel angeführt, als ein spezieller Typus genannt werden. Während ihrer beruflichen Tätigkeit repräsentieren sie eine bestimmte Gedankenrichtung. Der Künstler ist ein anderer Typus. Der unternehmungslustige Mensch, dessen Gedanken aber gleichzeitig auf Ruhm und Macht gerichtet sind, ohne dass er sie jemals erreicht, ist wieder ein anderer Typus. Die vielen leidtragenden armen Menschen und diejenigen, die sich für andere aufopfern, nur wenig Zeit zum Nachdenken haben, bilden eine weitere besondere Klasse. In all diesen Fällen bildet die Gesamtsumme der Gedanken während des Lebens – das, woran das Herz hing – den Strom oder Faden der Meditation eines Lebens. All dies wird im *Manas* aufgespeichert, um zu irgendeiner Zeit in einem beliebigen Leben wieder hervorzutreten, sobald das Gehirn und die physische Umgebung den Bedingungen entsprechen, die diese Klasse von Gedanken hervorbrachten.

Es ist auch *Manas*, das durch die äußeren und inneren Organe die physischen Objekte sieht. Wenn das geöffnete Auge ein Bild auf der Netzhaut empfängt, wird die Bildinformation in elektrische Impulse umgewandelt und durch verschiedene Arten von Nervenzellen elektrochemisch an das Gehirn weitergeleitet, wo *Manas* dann fähig ist, die Bilder als Idee zu erkennen. Das Gleiche gilt für jedes andere Organ und für jeden unserer Sinne. Wird die Verbindung zwischen *Manas* und Gehirn unterbrochen, kann sich auch keine Intelligenz mehr zum Ausdruck bringen.

Es ist das *niedere Manas,* das im Astrallicht alle Eindrücke und Gedanken eines Lebens aufbewahrt und sie manchmal auf seltsame Weise in Träumen, Delirien oder herbeigeführten Trancezuständen, hin und wieder auch unter normalen Verhältnissen und sehr oft zur Zeit des physischen Todes wiedergibt. Im Allgemeinen ist das niedere *Manas* jedoch so sehr dem Gehirn, dem Gedächtnis und den äußeren Sinneseindrücken zugewandt, dass es nur wenige Erinnerungen aus der ungeheuren Vielfalt der Ereignisse offenbart, die im Laufe der Jahre angehäuft wurde. Das *niedere Manas* behindert die Tätigkeit unseres *höheren Manas,* weil insbesondere auf der jetzigen Stufe unserer Evolution das Wunschprinzip, *Kâma,* und alle ihm entsprechenden Kräfte, Fähigkeiten und Sinne am stärksten entwickelt sind, wodurch das helle Licht der spirituellen Seite von *Manas* verdunkelt oder verschleiert wird. Dieses Licht wird durch jedes Objekt gefärbt, ganz gleich, ob es sich um Gedankenbilder handelt oder um objektive Dinge, die unser Leben bestimmen. Mit anderen Worten: Das durch das Gehirn wirkende *niedere Manas* wird sofort in die Form eines Objektes umgewandelt und nimmt dessen Eigenschaften an, die mentalen wie auch andere. Daher wirkt das *niedere Manas* durch vier Eigenschaften oder Fähigkeiten:

1. durch seinen natürlichen Impuls entfernt es sich von irgendeinem Punkt, Objekt oder Subjekt;
2. es fliegt sozusagen auf eine angenehme Idee zu;
3. es fliegt auf eine unangenehme Idee zu;
4. es bleibt passiv und gedanklich inaktiv.

Die erste Eigenschaft resultiert aus dem Gedächtnis und der natürlichen Bewegung des *Manas;* die zweite und dritte Eigenschaft entspringen allein dem Gedächtnis; die vierte Eigenschaft bedeutet im Normalfall Schlaf; ist sie aber abnorm, führt sie zu psychischen Krankheiten.

Diese mentalen Eigenschaften gehören alle dem *niederen Manas* an. Das *höhere Manas* muss sie mit Hilfe von *Buddhi* und *Âtman* erheben und überwinden. Ist es einem Menschen möglich, mittels seines *höheren Manas* zu handeln, kann er als Genie bezeichnet werden. Erlangt er die Meisterschaft, ist er zu einem Gott geworden. Das Gedächtnis führt dem *niederen Manas* jedoch ständig Bilder niederer Art vor, und die Folge davon ist, dass das *höhere Manas* verdunkelt wird. Im Gegensatz hierzu gibt es jene Menschen, die großen Seher, Propheten und Genies, in denen die höheren Kräfte des *Manas* tätig sind, durch die sie erleuchtet werden. Solcherart waren die großen Weisen der Vergangenheit wie Buddha, Jesus, Konfuzius, Zoroaster und viele andere. Auch Dichter wie Tennyson, Longfellow und andere waren Menschen, in denen das *höhere Manas* hin und wieder einen glänzenden Lichtstrahl auf den niederen Menschen warf. Durch die Einwirkungen der dogmatischen kirchlichen Erziehung wurde dieser Lichtstrahl jedoch meist sehr bald wieder verdunkelt, weil durch die Erziehung dem Gedächtnis gewisse Bilder zugeführt werden, die *Manas* beim Entfalten seiner vollen Tätigkeit immer hinderlich sind.

Der höheren Dreiheit gehört die Göttlichkeit an, die jeden Menschen überschattet: *Âtman* oder das Höhere Selbst. Ihm folgt der spirituelle Teil der Seele, *Buddhi,* der, wenn völlig mit dem *höheren Manas* vereinigt, das spirituelle Ego genannt werden kann, das Zentrum oder die Wurzel des sogenannten reinkarnierenden Egos. Dieses reinkarnierende Ego bewohnt Körper um Körper und speichert Leben für Leben alle gewonnenen Eindrücke auf. Leiden und Freuden werden während einer ungeheuren Periode von Jahren erlebt. Dadurch sammelt es Erfahrungen, die es dem spirituellen Ego überträgt. Das reinkarnierende Ego gehört dem fünften Prinzip – *Manas* – an und ist nicht mit *Buddhi* vereinigt. Manas ist die fortdauernde Individualität, die jedem Menschen das Gefühl gibt, er selbst und nicht ein anderer zu sein. Es ist das, was uns während aller Wechsel von Tag und Nacht, von der Jugend an bis zum Ende des Lebens beständig unsere Identität empfinden lässt. Zudem überbrückt *Manas* die Kluft, die durch den Schlaf erzeugt wird, sowie die Kluft, die der Schlaf des Todes mit sich bringt. Und so ist es auch *Manas,* nicht unser Gehirn, das sich über das Tier erhebt. Auch die Verschiedenheit der Gehirnwindungen beim Menschen – ihr astrales Muster und dessen physischer Niederschlag – werden durch das Vorhandensein von *Manas* erzeugt. Das Gehirn ist nicht die Ursache des Gemüts. Darüber hinaus ist die bewusste Vereinigung von *Manas* mit *Buddhi,* der spirituellen Seele, unserer inneren Göttlichkeit, das, was die alten Weisen der Antike stets zu erleben wünschten.

Es ist diese fortdauernde Individualität, unsere innere Göttlichkeit, die in der gegenwärtigen Rasse bereits durch jede Art von Erfahrung gegangen ist. Sie unterliegt auch weiterhin der Notwendigkeit zu evolvieren, denn eine ihrer maßgeblichen Pflichten besteht darin, mitzuhelfen, die gesamte Materie unserer Erdkette auf eine höhere Stufe emporzuheben. Jeder von uns hat schon auf Erden gelebt. Wir haben eine Zivilisation und eine Rasse nach der anderen durchlebt und werden so fortfahren durch alle Runden und Rassen, bis die siebente Runde vollendet ist. Zugleich sollte bedacht werden, dass die Materie dieses Globus und die der anderen mit ihm verbundenen Globen ebenfalls bereits durch jede Art von Form gegangen sind, einige sehr niedere Mineralformen vielleicht ausgenommen. Die sichtbare sowie die noch im Raum schwebende nicht kondensierte Materie hatte zu verschiedenen Zeiten Formen aller Art angenommen, von denen wir uns in vielen Fällen keine Vorstellung mehr machen können. Die Evolutionsprozesse verlaufen daher heute in einigen Abteilungen der Natur in schnellerem Tempo als in früherer Zeit, denn sowohl *Manas* als auch die Materie haben leichtere Betätigungsfelder erworben. Dies trifft vor allem auf den Menschen zu, der in seiner jetzigen Evolution allen unter ihm stehenden Wesenheiten am weitesten vorausgeeilt ist. Er inkarniert viel schneller und wird viel schneller in das Leben projiziert als in früheren Perioden, in denen viele Jahre vergingen, bevor ein „Rock aus Fellen“ erlangt war.

Dem normalen Menschen kann nicht erspart werden, immer wieder ins Leben einzutreten, weil das *niedere Manas* immer noch durch das Wunschprinzip, *Kâma,* das gegenwärtig dominierende Prinzip, gebunden ist. Und da das *niedere Manas* während der Verkörperung durch den Einfluss der Begierde fortwährend getäuscht wird, so ist es auch unfähig, die Einwirkung jener Kräfte auf sich selbst zu verhindern, die während einer Lebenszeit entstehen. Diese Kräfte werden von dem *niederen Manas* durch unser Denken und Handeln während unserer Lebenszeit erzeugt. Jeder ganz alltägliche Gedanke bildet eine physische und mentale Verbindung zu einem Wunsch, in dem er wurzelt. Unser gesamtes Leben ist mit Gedanken angefüllt. Wenn nun die Periode der Ruhe nach dem Tode beendet ist, fühlt sich *Manas* durch zahlreiche elektromagnetische Fäden, die aus den Gedanken unseres letzten Lebens gesponnen sind, an die Erde gebunden, also durch unsere Wünsche, die aus Unwissenheit über die wahre Natur des Lebens so viele erdgebundene Gedanken hervorriefen. Die Lehre besagt, dass der Mensch ein Denker ist und tatsächlich aus seinen Gedanken gebildet wird. Diese Erkenntnis wird alle Zusammenhänge in Bezug auf Inkarnation und Reinkarnation deutlich machen. Unser mânasischer Körper besteht aus Gedanken, und wenn dies so ist, muss daraus folgen, dass eine Rückkehr zum Leben auf Erden unvermeidlich ist, wenn die Gedanken eine größere Verwandtschaft mit dem Erdenleben aufweisen als mit einem Leben anderswo in den Weiten des Universums.

Manas ist in der heutigen Menschheit noch nicht vollständig aktiv, weil ihr Wunschprinzip, das niedere *Kâma,* noch überwiegt. Im nächsten Zyklus der menschlichen Periode wird *Manas* völlig aktiv und entwickelt sein. Daher sind die Menschen dieser Erde im Allgemeinen auch noch nicht an dem Punkt angelangt, an dem sie eine bewusste Wahl treffen können, welchen Pfad sie einschlagen wollen. Wenn aber im kommenden Zyklus *Manas* aktiver ist, werden alle Menschen gezwungen sein, die Wahl zwischen rechts und links bewusst zu treffen.

Der rechte Pfad führt zur völligen und bewussten Vereinigung mit *Âtman,* der linke zur Vernichtung jener, die diesen Weg vorziehen.

8. Kapitel

Reinkarnation – Wiederverkörperung

Auf die Frage, wie und warum sich der Mensch zu der komplexen zusammengesetzten Wesenheit entwickelt hat, die er heute ist, können weder Wissenschaft noch Religion schlüssige Antworten geben. Als unsterblicher Denker steht er an der Spitze einer gigantischen, schweigenden Evolution. Dabei verfügt er über unermessliche Fähigkeiten und Möglichkeiten, weil er mit jedem geheimen Teil der Natur, aus dem er aufgebaut ist, in innigster Verbindung steht. Er fragt nach dem Zweck der Natur, nach dem Ziel des Lebensdramas und nach den Möglichkeiten, wie dieses Ziel erreicht werden kann. Aber weder Religion noch Wissenschaft vermögen hier verlässlich Aufschluss zu geben.

Warum nun existiert das Universum, und zu welchem Zweck und Ziel befindet sich der Mensch, der unsterbliche Denker, letztendlich hier auf Erden im Evolutionsprozess? Der Zweck ist, Selbstbewusstsein zu erlangen, und das große Ziel des gegenwärtigen Menschen ist seine Einweihung in vollständige Wissenschaft. Die Seele des Menschen lernt durch Erfahrungen bis zu ihrer endgültigen Befreiung, sodass damit einhergehend die gesamte Masse der manifestierten Materie durch Transformation und darauffolgende Vervollkommnung zur Höhe und Würde bewusster Göttlichkeit erhoben wird. Nichts wird ausgelassen. So ist es das weitere Ziel, die unter dem Menschen stehenden Naturreiche gradweise Stufe um Stufe emporzuführen, damit sie im Laufe der Zeit ebenfalls Selbstbewusstsein erlangen, um in das tiefe Wissen eingeweiht werden zu können. Das ist die Evolution zu ihrem höchsten Ziel – eine herrliche Aussicht. Sie macht den Menschen zu einer Göttlichkeit und gibt jeder Wesenheit in der gesamten Natur die Möglichkeit, eines fernen Tages das Gleiche zu erreichen. Hierin liegen Stärke und Würde. Auf diese Weise wird kein Mensch erniedrigt, denn niemand ist seinem Ursprung nach so sündhaft, dass er sich nicht über alle Sünde emporkämpfen könnte. Wenn wir die Evolution vom materialistischen Standpunkt der modernen Wissenschaft aus betrachten, so erhalten wir nur ein unvollkommenes Bild des Lebens, während die religiöse Auslegung der Evolution durch Dogmen geprägt ist.

Sobald wir eine zweifache Evolution, eine physische und eine spirituelle, als Tatsache voraussetzen, müssen wir auch zugeben, dass sie nur auf dem Wege der Reinkarnation stattfinden kann. Dies wird tatsächlich wissenschaftlich belegt. Es ist erwiesen, dass die Materie unserer Erde und aller auf ihr existierenden physischen Dinge zu einer gewissen Zeit entweder gasartig oder geschmolzen war, dass sie dann abkühlte und sich veränderte und dass durch diese Veränderungen und Evolutionsprozesse schließlich die gesamte Vielfalt der Materie und Wesenheiten erzeugt wurde. Auf unserer physischen Erde ist dies die Transformation oder der Wechsel von einer Form zu einer anderen. Die Gesamtmasse der Materie ist heute etwa die gleiche wie zu Beginn unserer Erde, mit einer sehr kleinen Abweichung, die auf Sternenstaub zurückzuführen ist. Daher muss sich die Materie immer wieder verändert haben, sie muss sich also physisch neu gebildet und wieder-verkörpert haben. Um ganz exakt zu sein, kann das Wort Reinkarnation natürlich nicht auf die Erde angewandt werden, denn „inkarnieren" nimmt Bezug auf *carnis* – Fleisch. Daher ist „wiederverkörpern" der richtige Begriff. Sowohl beim Menschen als auch bei der Materie beobachten wir also einen fortwährenden Wechsel der Form, und das ist, allgemein gesprochen, „Reinkarnation" oder „Wiederverkörperung".

In Bezug auf die gesamte Masse der Materie besagt die Lehre, dass sie zur menschlichen Stufe emporgehoben sein wird, wenn der Mensch selbst weiter fortgeschritten ist. So bleibt schließlich nach der Erlösung des Menschen kein Überrest zurück, der auf geheimnisvolle Weise auf einem Kehrichthaufen der Natur entsorgt werden müsste. Die wahre Lehre kennt keine derartige Möglichkeit und scheut sich auch nicht, die Bestimmung dessen zu erklären, was als Rückstand erscheint. Dieser „Rückstand" wird gänzlich in andere Zustände umgearbeitet. Wie die Philosophie erklärt, existiert überhaupt keine anorganische Materie, weil jedes Atom lebendig ist und den Keim des Selbstbewusstseins besitzt. Hieraus folgt, dass sich eines Tages die gesamte Materie erhoben und umgewandelt hat. So war unser heutiges menschliches Fleisch einst gänzlich mineralisch, später pflanzlich und ist jetzt zu menschlichen Atomen verfeinert. In weit entfernter Zukunft werden sich die Monaden der heutigen Pflanzenmaterie bis zur tierischen Stufe entwickelt haben, und was wir heute als organische oder fleischliche Materie benutzen, wird sich durch Transformation während des Evolutionsprozesses zu selbstbewussten und denkenden Wesenheiten entwickelt haben. So geht es weiter die Stufenleiter empor, bis die Zeit kommt, in der die Monaden der jetzigen Mineralmaterie auf die menschliche Stufe, auf die Stufe des Denkers, übergegangen sind. Dies ist möglicherweise ein fantastisches System nach dem Urteil unserer Zeitgenossen, die sich tatsächlich fürchten, die Wahrheit über sich selbst kennenzulernen und anzunehmen. Für Schüler der ursprünglichen und zeitlosen Theosophie ist dieses auf Naturgesetzen basierende System jedoch weder unmöglich noch fantastisch, sondern logisch und majestätisch. Ohne Zweifel wird dieses System eines Tages allgemein anerkannt werden, sobald sich die westlichen Völker von den herrschenden Dogmen in Bezug auf Mensch und Natur befreit haben. Daher sagen wir über Reinkarnation und Metempsychose, dass sie auf den gesamten Kosmos angewandt werden müssen und nicht nur auf den Menschen allein. Weil der Mensch jedoch für sich selbst das interessanteste Objekt ist, wollen wir jetzt die Anwendung dieser Lehrsätze speziell auf den Menschen näher betrachten.

Reinkarnation ist eine der weltweit ältesten Lehren. Die Anzahl derer, die an Reinkarnation glauben, ist größer als die jener, die sie verwerfen. Die vielen Millionen des Ostens halten nahezu sämtlich an der Reinkarnation fest; sie wurde von den Griechen gelehrt; eine große Anzahl der Chinesen glaubt ebenso an sie, wie es bereits ihre Vorfahren taten. Die Juden hielten sie für wahr, und bis heute ist sie nicht aus ihrer Religion verschwunden. Jesus, der als Gründer des Christentums gilt, kannte und lehrte sie. Auch in der frühchristlichen Kirche war sie bekannt und wurde sie gelehrt; ebenso glaubten die besten unter den ersten Kirchenvätern an diese Lehre und verbreiteten sie.

Jesus war ein Jude, dessen Sendung der Errettung der Juden galt, denn er sagt im *Matthäus-Evangelium:* „Ich bin nur gesandt zu den verlorenen Schafen des Hauses Israel" (*Matth.* 15, 24). Jesus kannte die Lehren gut und lehrte sie. Alle seine Anhänger glaubten an Reinkarnation und daran, dass Moses, Adam, Noah, Seth u. a. wieder zur Erde zurückgekehrt waren, und zur Zeit Jesu wurde allgemein angenommen, der Prophet Elias werde wiederkommen. Jesus verneinte also niemals die Lehre von der Reinkarnation, vielmehr stimmte er ihr bei vielen Gelegenheiten ausdrücklich zu. So sagte er, dass Johannes der Täufer tatsächlich der alte Elias sei, den das Volk erwarte. Ein Studium der Kapitel 11 und 17 des *Matthäus-Evangeliums* wird dies alles bestätigen.

Diese Beispiele belegen eindeutig, dass Jesus die Lehre von der Reinkarnation lehrte. Ihm folgte Paulus, der im *Römerbrief,* Kapitel 9, von Esau und Jakob sagt, sie hätten tatsächlich existiert, bevor sie geboren wurden. Später lehrten so bedeutende Kirchenväter wie Origenes, Synesius und andere die Lehre von der Reinkarnation. In den *Salomonischen Sprüchen,* 8, 22 ff., sagt Salomon, er sei gegenwärtig gewesen, als die Erde erschaffen wurde, und habe seine Freuden in den bewohnbaren Teilen der Erde mit den Söhnen der Menschen gehabt, lange bevor er als Salomon geboren wurde. Johannes sagt in seiner *Offenbarung,* 3, 12, er sei während einer Vision durch die Stimme Gottes oder eines Wesens, das für Gott gesprochen habe, dahingehend unterrichtet worden, dass jedermann, der obsiege, nicht mehr unter der Notwendigkeit des „Hinausgehens" stände, d. h. nicht mehr zu reinkarnieren brauche. Diese Lehre wurde noch 500 Jahre nach Jesus verbreitet, bis zum Konzil von Konstantinopel. Dann wurde ein Teil der Aussage mit dem Kirchenbann (Anathema) belegt, der sich in den Augen vieler direkt gegen die Reinkarnation richtete. Doch wenn sich die Verdammung einer Lehre gegen die eigenen Worte Jesu richtet, ist und bleibt sie wirkungslos.

Dieses Anathema richtet sich letztlich gegen Jesus selbst. Damit steht die Kirche praktisch auf dem Standpunkt, es habe Jesus an fundiertem Wissen gemangelt, da er sonst die Lehre von der Reinkarnation verdammt hätte, so, wie sie es tat. Dazu muss man wissen, dass die Lehre von der Reinkarnation zur Zeit Jesu allgemein gelehrt wurde. Sie war Jesus also wohlbekannt, sodass er sie nie verdammte, sondern tatsächlich anerkannte und lehrte. Das Christentum ist eine jüdische Religion, und folglich gehört die Lehre von der Reinkarnation schon durch ihre historische Herkunft zum Christentum, zumal sie von den ersten Kirchenvätern ebenso gelehrt wurde wie von Jesus selbst. Wenn es für die christlichen Kirchen irgendeinen wahrhaft logischen Weg aus diesem Beweismaterial gibt – Kirchendogmen natürlich ausgenommen –, so möchten Theosophen in aller Welt um diese Aufklärung bitten. Rein objektiv gesehen stellt sich jeder bekennende Christ, der die Reinkarnationslehre verneint, gegen das Urteil von Jesus, der gemäß seinen unstrittigen Aussagen doch eindeutig mehr über diese Lehre gewusst hat als seine Nachfolger.

Insbesondere das auf dem Kirchenkonzil ausgesprochene Anathema und das sich daraus ergebende Fehlen der Reinkarnation in der christlichen Lehre haben der Christenheit großen Schaden zugefügt. Denn allein in der Lehre von der Reinkarnation liegen die Antworten für nahezu alle Probleme des Lebens. In ihr und in der Zwillingslehre von Karma liegt jene Kraft, die uns befähigt, die in ihnen enthaltene Ethik auch tatsächlich im täglichen Leben anzuwenden. Es ist das Ziel der alten, universalen Philosophie, diesen so wunderbaren und Hoffnung gebenden Lehren wieder Geltung zu verschaffen, damit dieser „verlorene Akkord des Christentums" zu neuem Leben erwachen kann.

Wer oder was aber reinkarniert? Es ist nicht der Körper, denn dieser stirbt und löst sich nach dem Tode auf. Nur wenige von uns würden sich wünschen, für immer an solche Körper gekettet zu sein, die wir jetzt haben. Es ist auch nicht der Astralkörper, der, wie erklärt wurde, ebenfalls eine kurze Lebensdauer hat und zerfällt, nachdem der physische Körper zerfallen ist. Auch der niedere persönliche Teil unserer Konstitution ist es nicht. Dieser hat natürlich eine sehr lange Lebenszeit, denn die ihm anhaftenden Leidenschaften und Begierden besitzen die Fähigkeit, sich in jedem Leben fortzupflanzen, solange wir sie nicht gänzlich ausgerottet haben. Und gerade dies ermöglicht die Reinkarnation. Sie bietet uns viele Gelegenheiten, langsam einen um den anderen der niederen Charakterzüge auszutilgen, die das himmlische Bild des spirituellen Menschen verunzieren.

Es wurde dargelegt, wie unser leidenschaftlicher persönlicher Teil nach dem Tod mit dem Astralkörper verschmilzt und eine scheinbare Wesenheit bildet, die während der Zeit ihrer Zersetzung ein kurzes Eigenleben besitzt. Wenn die Trennung zwischen dem gestorbenen Körper, dem Astralkörper und den niederen Charaktereigenschaften vollendet ist und die Lebenskraft schon begonnen hat, in andere Formen überzugehen, geht die höhere Triade *Âtma-Buddhi-Manas,* die der wahre Mensch ist, unmittelbar in einen anderen Bewusstseinszustand über, der *Devachan* oder Himmel genannt wird. Wenn dieser Zustand nach langer Zeit schließlich sein Ende erreicht hat, wird die Triade wieder zu einer neuen Inkarnation zurück zur Erde angezogen. Diese drei Prinzipien der Triade, Âtman, Buddhi und Manas, sind der unsterbliche Teil in uns; sie und nichts anderes sind wir. Das klare Erfassen dieser Tatsache ist Voraussetzung für das Verstehen der vollständigen Lehre von der Reinkarnation. Was den modernen westlichen Menschen von heute am meisten daran hindert, diese Realität zu erkennen, ist der lange währende materialistische Einfluss von Wissenschaft und dogmatischer Kirche, die dem sterblichen Körper eine unangemessen hohe Bedeutung beimessen. Die Wissenschaft ist auf die Erforschung der Materie begrenzt, und die dogmatische Auslegung der Kirche geht von der Auferstehung des Leibes aus, was ebenso sehr gegen den gesunden Menschenverstand wie auch gegen Tatsachen, Logik und Beweise verstößt. Es besteht jedoch kein Zweifel darüber, dass sich die Theorie von der Auferstehung des Fleisches aus einer Verzerrung der älteren, wahren Lehre entwickelt hat. Die Auferstehung des Fleisches gründet sich auf die Worte Hiobs, der seinen Erlöser im Fleische gesehen haben will, und auf Paulus' Bemerkung, dass der Körper unverweslich auferstehen würde. Aber Hiob war ein Ägypter, der von der Begegnung mit seinem Lehrer oder Initiator sprach, der

der Erlöser ist, und sowohl Jesus als auch Paulus hatten nur den spirituellen Körper im Sinn.

Obgleich Reinkarnation das Gesetz der Natur ist, offenbart sich die Triade *Âtma-Buddhi-Manas* noch nicht vollständig in unserer fünften Wurzelrasse. Sie wirkt durch den Körper und tritt mittels ihres niedersten Prinzips – *Manas* – in den Körper ein, während die beiden anderen Prinzipien *Buddhi* und *Âtman* sozusagen darauf niederstrahlen und den Gott im Himmel bilden. Dies wurde in der alten jüdischen Lehre vom Himmlischen Menschen symbolisiert, dessen Kopf in den Himmel ragt und dessen Füße in der Hölle stehen. Das bedeutet, der Kopf, *Âtma-Buddhi,* ist noch im Himmel, während die Füße, *Manas,* in der Hölle wandeln, die der Körper und das Erdenleben darstellen. Aus diesem Grund ist auch der Mensch noch nicht völlig selbstbewusst, er benötigt weitere Verkörperungen, damit sich die Triade schließlich während einer Inkarnation im Körper vollständig offenbaren kann. Wenn das erreicht ist, werden wir zu einer Rasse von Göttern geworden sein. Ist die gesamte Masse der Materie völlig von der göttlichen Triade erfüllt, wird sie vervollkommnet sein und auf die nächsthöhere Stufe der Evolution erhoben. Hierin liegt die wahre Bedeutung des Ausspruchs „und das Wort ward Fleisch“ (*Johannes* 1, 14). Dies wurde bei den großen Menschheitslehrern wie Jesus oder Buddha als ein so großes Ereignis angesehen, dass die Verkörperung einer Gottheit in ihnen gesehen wurde. Hieraus entsprang auch die Idee der Kreuzigung, denn *Manas* wird gekreuzigt, damit der gefallene „Dieb“ nach und nach in den Paradieszustand emporgehoben werden kann.

So enthält das Leben noch viele Mysterien für uns, weil sich die obere Triade – *Âtma-Buddhi-Manas* – in unserer fünften Wurzelrasse noch nicht völlig zur Offenbarung gebracht hat.

Der Arzt weiß in der Regel nicht, was „Leben“ ist oder warum unser Körper die gegenwärtige Form angenommen hat, denn unser spiritueller Teil ist sozusagen noch in den Wolken des Himmels verborgen. Wissenschaftler und Gelehrte sind sich der spirituellen Seite nicht bewusst, sodass sie vom „Unterbewusstsein“, von „latenter Persönlichkeit“ und Ähnlichem sprechen. Selbst Geistliche können kein erhellendes Licht geben, weil sie die göttergleiche Natur des Menschen in Abrede stellen. Sie führen alles auf die Erbsünde zurück, und die allgemeine Vorstellung von Gott wird mit dem Makel behaftet, dass er unfähig sei, die Schöpfung zu lenken und zu leiten. Die alten Weisheitslehren hingegen lösen die Rätsel und enthüllen die vollständige Harmonie, die zwischen dem Göttlichen und der sogenannten „Schöpfung“ besteht.

Reinkarnation bedeutet nicht, dass wir nach dem Tod in Tierformen eintreten, wie einige östliche Völker irrtümlich glauben. „Einmal ein Mensch, immer ein Mensch“ ist die Lehre. Für manche üblen Menschen wäre es jedoch tatsächlich keine allzu große Strafe, bestünde die Möglichkeit, sie zu einer Inkarnation in Tierkörpern zu verurteilen. Die Natur richtet sich aber nicht nach Gefühlen, sondern nach Gesetzmäßigkeiten. Da durch Evolution *Manas,* der Denker – der in seinen höheren Teilen unsterbliche Mensch –, auf dieser Daseinsebene beheimatet ist, kann er nicht wieder zu einem Tier zurückevolvieren, weil das *Manas* der Tiere noch nicht hervorevolviert wurde. Es wäre also nicht richtig zu sagen, der üble und rohe Mensch sei seiner Natur nach tierisch.

Einige Völker des Orients scheinen entsprechende Stellen im Gesetzbuch des Manu über die Transmigration in Tiere buchstäblich anzunehmen und zu lehren. Wenn wir zwei Erklärungen hierfür betrachten, werden wir jedoch sehen, dass der wahre Schüler der ursprünglichen Lehre nicht in den gleichen Irrtum verfallen wird.

Die erste Erklärung ist, dass die verschiedenen Verse und Bücher, die die Transmigration betreffen, von dem prinzipiellen Verfahren der Reinkarnation handeln. Sie erläutern also die Vorgänge, mit deren Hilfe das Ego vom körperlosen in den verkörperten Zustand übertritt, und ferner die Wege des Abstiegs aus den unsichtbaren in die sichtbaren Regionen. Wie wir wissen, kann kein menschlicher Körper ohne die Vereinigung der Geschlechter gebildet werden. Die Keime für die Erzeugung ruhen in den Geschlechtern und werden mit der Nahrung in den Körper aufgenommen. Es ist also naheliegend, dass die Nahrungsaufnahme auch etwas mit dem Reinkarnieren des Egos zu tun hat. Wenn nun der Weg zur Reinkarnation nur durch eine bestimmte Art von Nahrung führt, kann es möglich sein, dass das Ego mit gewissen Nahrungsmitteln in Berührung kommt, die nicht zu dem Keim einer menschlichen Reproduktion führen. Damit deutet Manu eine Strafe an, die darin besteht, dass entsprechende Praktiken zur Transmigration führen, die dann ein „Hindernis" ist.

Die zweite Erklärung ist folgende: Die Natur hat uns neben anderem auch die Aufgabe gestellt, die für unseren physischen und astralen Körper aufgenommene Substanz zu veredeln, ihr gewissermaßen Merkmale ihrer Verbindung mit dem menschlichen Ego aufzuprägen. Benutzen wir die Substanz, die aus unzähligen Lebensatomen besteht, dagegen so, dass wir ihr nur Eindrücke tierischer Art aufprägen, so muss sie zurück ins Tierreich. Dort werden die Lebensatome, anstatt auf der menschlichen Stufe zu bleiben und verfeinert zu werden, in niedere Körper transmigrieren oder übergehen. Und da alle Substanz, die das menschliche Ego an sich gezogen hat, den Stempel oder fotografischen Abdruck des Menschen behält, transmigrieren die Lebensatome, die in ihrer Anhäufung die niederen Prinzipien des Menschen zusammensetzen, in niedrigere Ebenen, wenn ihnen vom Ego ein tierischer Eindruck gegeben wird. Dieser im großen chemischen Laboratorium der Natur stattfindende Vorgang könnte leicht missverstanden werden und so eine falsche Auslegung erfahren. Doch *Manas,* der Denker, kann nicht mehr in niedere Formen zurückkehren, sobald er das menschliche Reich betreten hat, und zwar erstens, weil er es nicht wünscht, und zweitens, weil er es nicht kann. Genauso wie das Blut in unserem Körper durch die Herzklappen am Zurückfließen gehindert und das Überfluten des Herzens verhindert wird, so ist auch in dem großen System universaler Zirkulation das Tor hinter dem Menschen verschlossen, und sein Zurückweichen wird dadurch verhindert. Die Lehre von der Reinkarnation bezieht sich auf den wahren Menschen, daher lehrt sie keine Transmigration des Menschen in Naturreiche, die unter dem menschlichen Reich liegen.

9. Kapitel

Reinkarnation – Fortsetzung

Anders als in östlichen Kulturen stoßen die Lehren von der Präexistenz und der Reinkarnation im Westen noch auf ein geringes, jedoch wachsendes Interesse. Im Westen wird das Ziel des Lebens vor allem im kommerziellen, sozialen oder wissenschaftlichen Erfolg gesehen, also in persönlichen Vorteilen, in Karriere und Macht. Dem Leben des wahren, inneren Menschen wird hingegen nur wenig Aufmerksamkeit gewidmet. Dass in der heutigen christlichen Lehre Reinkarnation in ihrer reinen Definition verneint wird, ist für viele der Gläubigen ausschlaggebend. Da sie sich auf die Aussagen der Kirche verlassen, wünschen sie, in der Ruhe ihres Glaubens und deren Dogmen nicht gestört zu werden, auch wenn diese der Logik widersprechen. Auf dem Konzil zu Konstantinopel ca. 500 n. Chr. wurde die Lehre von der Reinkarnation mit dem Anathema (Kirchenbann) belegt. Die blinde Furcht, von der Kirche in die Hölle befördert zu werden, hindert daher die Gläubigen daran, der Reinkarnation zuzustimmen. Die Kirche wendet in heutiger Zeit gegen diese Lehre ein, dass für jene Menschen, die davon überzeugt sind, viele Leben auf Erden führen zu müssen, die Versuchung zu groß sei, die gegenwärtigen Verhältnisse verantwortungslos hinzunehmen oder sich ohne innere Hemmungen über Recht und Ordnung hinwegzusetzen. Dieses Argument erscheint absurd, doch es wird von gelehrten Jesuiten mit der Begründung verbreitet, dass die Menschen lieber ihre augenblicklichen Möglichkeiten ergreifen würden, als ihre Verantwortung auch für zukünftige Leben zu übernehmen. Gäbe es tatsächlich keine Vergeltung, so wäre dies freilich ein guter Einwand. Die Natur hat jedoch für jeden Übeltäter eine Nemesis, eine ausgleichende Gerechtigkeit. Und da jeder aufgrund des Gesetzes von Karman – das Gesetz von Ursache und Wirkung und absoluter Gerechtigkeit – in jedem Leben den exakten Ausgleich für all seine guten und üblen Gedanken und

Taten aus früheren Leben selbst auf sich nehmen muss, ist die Grundlage für eine moralisch und ethisch orientierte Lebensführung gesichert. Dieses Naturgesetz ist unumstößlich, denn kein Mensch kann durch irgendeine Möglichkeit oder Vergünstigung, Verfügung oder Überzeugung den Folgen seines Denkens und Handelns entgehen. Jeder, der Karman und Reinkarnation ernsthaft erfasst, wird durch sein Gewissen und durch die Kraft der Natur dazu bewegt werden, Gutes zu tun, damit er Gutes empfange und glücklich werde.

Es wird behauptet, die Lehre von der Wiedergeburt sei unpersönlich und schließe Gefühle aus. Zudem untersage sie, das eigene Leben willentlich zu beenden, wenn es als zu leidvoll empfunden wird. Auch gebe sie keine Möglichkeit, unsere Lieben, die vor uns dahingegangen sind, wiederzusehen. Ob es uns jedoch angenehm ist oder nicht – die Gesetze der Natur wirken unbeirrbar. Empfindungen oder Gefühle vermögen in keiner Weise die Wirkung abzulenken, die notgedrungen einer Ursache folgen muss. Wenn wir verdorbene Nahrung aufnehmen, muss das üble Folgen haben. Wer der Völlerei frönt, würde gern ohne Verdauungsbeschwerden oder andere Folgen davonkommen. Die Natur lässt ihre Gesetzmäßigkeiten jedoch nicht durch törichte Wünsche beiseiteschieben. Der Einwand, wir würden unsere Lieben im Himmel nicht wiedersehen, wie es die dogmatische Kirche verspricht, setzt voraus, dass unsere Evolution und Fortentwicklung vollständig aufhört, wenn wir die Erde verlassen haben, und unterstellt außerdem, dass das Wiedererkennen von der physischen Erscheinung abhänge. Da aber der Körper zurückgelassen wird und sich auflöst, kann das Wiedererkennen in spirituellen und mentalen Welten nicht von der physischen Erscheinung abhängen. Zudem wissen wir auch, dass ein unschöner und missgestalteter Körper häufig einen glänzenden Geist und eine reine Seele verhüllt und dass wiederum äußere Schönheit einen üblen Charakter in sich schließen kann. Schon allein daher ist die physische Form keine Garantie für das Wiedererkennen in einer Welt, in der der Körper gänzlich fehlt. Jede Mutter, die ein heranwachsendes Kind verloren hat, weiß, dass sie es als Kleinkind ebenso sehr liebte wie später, als das Wachstum seine Gestalt und die Gesichtszüge völlig verändert hatte. Theosophie lehrt aber auch, dass diejenigen, die sich charakterlich ähneln und einander lieben, wieder zusammen reinkarnieren werden, sobald die Verhältnisse es möglich machen. Sobald jemand auf dem Pfad des Fortschritts weiter vorangekommen ist, wird er sich bewogen fühlen, denen zu helfen, die zu der gleichen Familie gehören. Kein Mensch würde sich hingegen nach der Gesellschaft eines Menschen sehnen, der selbstsüchtig und bösartig geworden ist. Das Wiedererkennen hängt von den inneren Sinnen und nicht von der äußeren Erscheinung ab. Daher ist auch dieser Einwand nicht stichhaltig. In Bezug auf den Verlust von Eltern, Kindern oder Verwandten wird zudem vielfach irrtümlich angenommen, dass die Eltern, die dem Kind den Körper gaben, ihm auch die Seele gaben. Aber jedes Lebewesen hat seine eigene Egoität und baut sich seine entsprechende Seele selbst auf, daher entbehrt auch diese Seite des Widerspruchs jeglicher Grundlage.

Weiter wird angeführt, die Vererbung widerlege die Reinkarnation, wir hingegen führen sie als Beweis an. Denn nur aufgrund der sogenannten Vererbung inkarniert das Ego mittels eines Körpers in eine ihm entsprechende Familie und in eine geeignete Umgebung. Das Ego wird nur zu jener Familie hingezogen, die entweder völlig seinem Charakter entspricht oder ihm Gelegenheit gibt, seine Evolution weiterzuführen, und mit der es aufgrund seiner früheren Inkarnationen oder gemeinsam gelegter Ursachen verbunden ist. Es sind also die karmischen Anziehungen, die allgemein als Vererbung bezeichnet werden. So mag ein bösartiges Kind zu einer gegenwärtig guten Familie kommen, weil Eltern und Kind durch frühere Handlungen unauflöslich miteinander verknüpft sind. Damit bietet sich die Gelegenheit, das Kind vor einem weiteren Abstieg zu bewahren, und die Eltern erhalten zugleich die Möglichkeit, vergangenes Unrecht wiedergutzumachen. Dies weist auf die leibliche „Vererbung" als auf einen Teil des natürlichen karmischen Gesetzes hin, das sich durch unsere Körper auswirkt, die wir bewohnen müssen. In ähnlicher Weise geben die Häuser einer Stadt Aufschluss über den Geist ihrer Erbauer. Unsere Eltern und teilweise auch wir haben Kinder geboren, wir haben sie beeinflusst und Bedingungen geschaffen, die die Entwicklung ihres physischen Körpers und Gehirns aufgehalten oder gefördert, erniedrigt oder erhöht haben. Aus diesem Grund sind wir für die Zivilisation und die Zustände in unserer Gesellschaft mitverantwortlich. Wenn wir aber die Charaktere und nicht die menschlichen Körper betrachten, so lassen sich große angeborene Unterschiede feststellen. Diese rühren von der inneren Seele her, die in der betreffenden Familie, Nation oder Rasse leidet oder sich freut, in der sie aufgrund ihrer eigenen Gedanken und Handlungen in der Vergangenheit inkarnieren musste.

Die Vererbung bestimmt den Körper und liefert damit die Wohnstätte. Auch begrenzt sie die Fassungskraft des Gehirns und die Fähigkeiten des Körpers, was häufig als Strafe empfunden wird, manchmal aber auch eine Hilfe ist; das wirkliche Ego jedoch kann nicht beeinflusst werden. Die Übertragung äußerer Merkmale wirkt sich in einem Volk durch die Folgen früherer Leben aller Egos aus, die zu der betreffenden Rasse gehören. Die einem Ego durch familiäre Vererbung auferlegten Beschränkungen sind die exakten Folgen seiner früheren Leben. Auch dass äußere Merkmale und mentale Eigentümlichkeiten vielfach übertragen werden, ist eine Tatsache und widerspricht der Reinkarnation nicht. Wie jeder weiß, sind das herrschende Gemüt und der wahre Charakter eines Menschen nicht das Resultat von Körper- und Gehirntätigkeit, sondern Eigentümlichkeiten des essenziellen Lebens des Egos. Die Übertragung von Gewohnheiten und Neigungen vermittels der Eltern und des Körpers ist gerade die von der Natur gewählte Methode, das reinkarnierende Ego mit der geeigneten Behausung zur Fortführung seines Werkes zu versehen. Eine andere Methode wäre ebenso unmöglich wie den Naturgesetzen zuwiderlaufend.

Diejenigen, die darauf beharren, die Vererbung als ein Argument gegen die Reinkarnation zu betrachten, vergessen ferner, dass sie nur die Ähnlichkeiten betonen, die Unterschiede aber völlig außer Acht lassen. Denn während bei Untersuchungen der Vererbungslinien viele übertragene Eigenschaften festgestellt wurden, blieb die wesentlich größere Anzahl der Abweichungen weitgehend unberücksichtigt. Jede Mutter weiß, dass die Charaktere ihrer Kinder so verschieden sind wie die Finger an einer Hand – sie stammen alle von denselben Eltern, unterscheiden sich aber in ihrem Charakter und ihren Fähigkeiten völlig voneinander.

Vererbung als vollständige Erklärung für die Übertragung von Eigenschaften wird gänzlich von den Geschichtswissenschaften über den Haufen geworfen, da sie keine konstante Übertragung von Gelehrsamkeit, Wissen und Begabungen aufzeigen. So kann zum Beispiel bei den alten, längst untergegangenen Ägyptern, deren Abstammungslinie versiegt ist, keine Vererbung auf ihre Nachkommen mehr festgestellt werden. Wenn aber die physische Vererbung die Frage des Charakters klären soll, warum ist dann der großartige Charakter der alten Ägypter verlorengegangen? Dieselbe Frage gilt auch für andere alte, untergegangene Nationen. Aber auch das Beispiel eines Einzelnen wie des großen Musikers Bach zeigt, dass bei den Nachkommen eine fortwährende Verminderung der musikalischen Befähigung bis hin zum völligen Verschwinden aus der Familie eintreten kann. Theosophie aber lehrt, dass in beiden Fällen – und analog in allen ähnlichen – die Fähigkeiten und die Genialität lediglich aus der einstigen Nation bzw. Familie verschwunden sind. Die Egos, die sie einst zum Ausdruck brachten und die sich nun in einer anderen Familie oder Nation der Gegenwart verkörpert haben, haben sie jedoch behalten.

Leiden sind wohl fast allen Menschen beschieden, und viele haben ein sorgenvolles Leben von der Wiege bis zum Grabe. Auch hieraus wird gefolgert, dass Reinkarnation ungerecht sei, weil wir für das Böse leiden müssten, das von einer anderen Person in einem anderen Leben verübt worden sei. Dieser Einwand fußt jedoch auf der falschen Annahme, dass die Person in dem anderen Leben jemand anderes gewesen sei als man selbst, doch in Wahrheit bleiben wir in jedem Leben dieselbe Individualität. Wenn wir erneut inkarnieren, nehmen wir weder den Körper noch die Handlungen und Gedanken eines anderen an. Wir gleichen vielmehr einem Schauspieler, der viele Rollen spielt, jedoch immer derselbe Künstler bleibt, auch wenn er stets in wechselnden Gewändern und mit anderen Texten in jeder neuen Rolle auftritt. Shakespeare hatte völlig recht, als er das Leben mit einem Schauspiel verglich, denn das umfassende Leben der Seele ist ein Drama. Jedes neue Leben, jede Wiederverkörperung ist ein weiterer Akt, in dem wir eine andere Rolle in einem neuen Gewand aufnehmen, obgleich wir immer dieselbe Individualität sind. Reinkarnation ist also nicht ungerecht, sie ist vollkommene Gerechtigkeit, und auf keine andere Weise kann Gerechtigkeit gewahrt werden.

Ein weiterer Einwand lautet: Wenn wir fortwährend inkarnieren, warum können wir uns dann nicht an unsere früheren Leben erinnern? Und wenn wir uns der Taten nicht erinnern können, ist es dann nicht ungerecht, für sie leiden zu müssen? Wer Fragen dieser Art stellt, übersieht stets die Tatsache, dass er im Leben auch Freude hat und Belohnung erhält, ohne sich zu fragen, womit er sie verdient hat. Denn wenn es ungerecht ist, für Taten bestraft zu werden, an die wir uns nicht erinnern, dann ist es ebenfalls ungerecht, für Taten belohnt zu werden, an die uns auch jede Erinnerung fehlt. Das bloße Erscheinen hier auf Erden reicht nicht aus, um Belohnung oder Bestrafung zu begründen, vielmehr müssen Lohn und Strafe der gerechte Ausgleich für unsere frühere und unsere derzeitige Lebensführung sein. Das Naturgesetz der Gerechtigkeit ist nicht unvollkommen, nur menschliche Gerechtigkeit ist unvollkommen. Im früheren Erdenleben wusste der Täter, was er tat; er wusste, dass einer üblen Tat die Strafe folgt. Die Natur sorgt für die seiner Handlung entsprechenden Folgen, ist also völlig gerecht. Wie wir wissen, lässt die Natur der Ursache stets die Wirkung folgen, ob wir es nun wünschen oder nicht, ob wir uns daran erinnern oder vergessen haben, was wir taten, spielt absolut keine Rolle. Wenn ein Säugling in seinen ersten Lebensjahren durch die Amme verletzt wird und damit die Ursache für eine körperliche Behinderung gelegt wird, so wird die Behinderung eintreten, obgleich das Kind weder die Ursache gegenwärtig selbst gelegt hat noch sich an die in früheren Leben gelegte Ursache erinnert. Reinkarnation und ihre Zwillingslehre Karman zeigen jedoch, wenn richtig verstanden, wie vollkommen gerecht der gesamte Lebensplan der Natur ist.

Weder ist die Erinnerung an ein vergangenes Leben als Beweis dafür nötig, dass wir durch eine frühere Existenz gegangen sind, noch ist die Tatsache, dass wir uns nicht erinnern können, ein guter Gegengrund. Wir vergessen ja auch einen Großteil der Erlebnisse, die wir vor einigen Jahren oder Tagen hatten, niemand würde jedoch behaupten, wir hätten diese Jahre nicht durchlebt. Wir haben sie durchlebt, haben aber nur wenige Einzelheiten im Gedächtnis behalten; dennoch sind die Auswirkungen auf unseren Charakter komplett erhalten geblieben und zu einem Teil von uns selbst geworden. Die gesamten Erlebnisse, alle Einzelheiten eines Lebens bleiben dem inneren Menschen erhalten, um eines Tages, in einem neuen Leben, wenn wir vollkommener geworden sind, unserem Bewusstsein wieder vollständig zur Verfügung zu stehen. Und selbst jetzt, wo wir noch unvollkommen sind und wenig von den inneren Vorgängen wissen, werden auch die geringsten Einzelheiten im sogenannten Unterbewusstsein aufbewahrt. Die theosophische Lehre besagt, dass tatsächlich kein einziges Erlebnis verlorengeht, sondern dass am Ende unseres Lebens, wenn unsere Augen für immer geschlossen werden und wir als tot gelten, jeder Gedanke und jeder Umstand unseres Lebens blitzartig und durchaus lebendig an unserem Gemüt vorüberziehen.

Es gibt aber viele Menschen, die sich an frühere Leben erinnern können. Dichter legen Zeugnis darüber ab, und kleine Kinder haben noch einen ganz natürlichen Bezug zu ihnen, bis sie schließlich in einer Atmosphäre des Unglaubens die Erinnerung an vergangene Leben vorübergehend verlieren. Doch obwohl in beiden Fällen eine zeitweilige Erinnerung an frühere Leben vorliegt, so sind doch alle Menschen den Beschränkungen unterworfen, die das neue Gehirn den Egos in jedem Leben auferlegt. Aufgrund dieser Beschränkungen sind wir nicht in der Lage, die Bilder aus der Vergangenheit – ob nun aus diesem oder einem früheren Leben – festzuhalten. Unser Gehirn ist das Instrument für das Gedächtnis der Seele. Da es in jedem Leben neu aufgebaut wird und nur eine beschränkte Aufnahmekapazität besitzt, kann das Ego das Gehirn in dem neuen Leben auch nur im Rahmen seiner Fassungskraft gebrauchen. Ob die Kapazität des Gehirns nun völlig ausgenutzt wird oder nicht, hängt von den Wünschen des Egos und seiner früheren Lebensführung ab. Durch sie vermehrt oder vermindert es die Kräfte und Fähigkeiten, die nötig sind, um die Einflüsse der materiellen Existenz überwinden zu können.

Wer sich in seinem Leben für die Eingebungen der Seele empfänglich macht, dessen Gehirn wird zuletzt so durchlässig, dass die Erinnerungen der Seele durchsickern können. Wird aber ein gegenteiliges Leben geführt, so werden immer mehr Wolken die Rückerinnerung verdunkeln. Da das neue Gehirn jedoch keinen Anteil an dem letzten Leben hat, ist es im Allgemeinen auch nicht in der Lage, sich daran zu erinnern. Dies ist ein weises Gesetz, denn wir würden sehr bedrückende Gefühle haben, wenn die Taten und Szenen unserer früheren Leben nicht so lange vor unseren Augen verschleiert wären, bis wir durch Schulung dazu befähigt werden, ein Wissen über sie zu ertragen.

Schließlich wird gegen die Lehre von der Reinkarnation vorgebracht, sie könne die Zunahme der Weltbevölkerung nicht erklären. Aber kennen wir die wirkliche Zahl der Erdbewohner? Ein Schriftsteller vergleicht die bewohnte Erde treffend mit einer Stadthalle, die von den Bewohnern der Stadt besucht wird. Die Besucherzahl der Halle kann ab- oder zunehmen, die viel größere Zahl der Einwohner der Stadt aber bildet die Quelle für einen ständig neuen Zustrom. Es trifft zu, dass zu unserem Erdglobus eine ganz bestimmte Anzahl von Egos gehört, aber wir kennen sie nicht und wissen auch nicht, wie viele Menschen die Erde zu ernähren vermag. Heutige Statistiker erfassen nur einen kleinen Ausschnitt der Menschheitsgeschichte. Sie können nicht sagen, wie viele Menschen zu irgendeinem früheren Zeitpunkt auf der Erde inkarniert waren. Auch die Zahl der Egos, die darauf warten, wiedergeboren zu werden, ist heutigen Forschern unbekannt. Die Überlieferungen theosophischer Wissenschaft besagen, dass die Gesamtzahl der Egos immens groß ist und dass ihr Vorrat daher für die neugeborenen Körper ausreicht, selbst wenn deren Zahl die der Sterbenden übertrifft. Des Weiteren sollte in Erwägung gezogen werden, dass die Aufenthaltsdauer der Egos in ihren nachtodlichen Zuständen individuell sehr verschieden ist. Die Egos inkarnieren nicht in gleichen Zeitabständen, vielmehr verlassen sie ihren körperlosen nachtodlichen Zustand nach ganz unterschiedlichen Zeiten. Wenn zudem durch Kriege, Seuchen oder Hungersnöte viele Todesfälle zu beklagen sind, entsteht sofort ein großer Zustrom von Seelen, die dann am gleichen Ort und in der gleichen Rasse oder an einem anderen Ort und in einer anderen Rasse inkarnieren. Unter der großen Anzahl bewohnbarer Planeten ist die Erde ein so kleiner Globus, dass kein Mangel an Egos für die Inkarnation auf ihr besteht. Bei allem Respekt vor jenen, die Einwände gegen die Reinkarnation haben, eine Beweiskraft kann ihnen nicht beigemessen werden. Die Lehre von der Reinkarnation kann durch nichts widerlegt werden, da sie unumstößliches Naturgesetz ist.

10. Kapitel

Beweisgründe für die Reinkarnation

Wenn wir die Unsterblichkeit des Menschen oder die Existenz der Seele nicht in Abrede stellen, können wir auch keine stichhaltigen Gründe gegen die Lehre von Präexistenz und Wiedergeburt vorbringen, es sei denn, wir glauben an das kirchliche Dogma, das besagt, dass jede Seele eine neue Schöpfung sei. Ein derartiger Lehrsatz kann sich allerdings nur auf blinden Dogmatismus stützen, denn sobald wir eine Seele als Tatsache annehmen, müssen wir früher oder später auch auf die Lehre von der Wiedergeburt stoßen, weil jede auf diese Erde kommende Seele, selbst wenn sie neu wäre, nach ihrem Ableben doch irgendwo weiterleben muss und angesichts der bekannten Ordnung der Natur auch auf anderen Planeten oder in anderen Sphären andere Körper annehmen wird. Die Theosophie wendet auf das Selbst – den Denker – dieselben Gesetzmäßigkeiten an, die überall in der Natur wirksam sind. Sie alle sind lediglich Varianten des einen großen Gesetzes, das besagt: Den Ursachen folgen Wirkungen, und keine Wirkung ist jemals ohne Ursache. Die Unsterblichkeit der Seele – und ihres reinkarnierenden Egos –, an die die Mehrzahl der Menschen glaubt, erfordert Verkörperungen hier auf Erden oder anderswo, und dieses Sichverkörpern bedeutet Reinkarnation. Wenn wir nur für einige Jahre auf unsere Erde kommen und dann in andere Welten gehen, muss sich die Seele dort ebenso wie hier verkörpern. Sind wir hingegen von einer anderen Welt hierher gereist, so müssen wir auch dort unsere entsprechenden Gewänder gehabt haben. Die Kräfte unseres reinkarnierenden Egos mit seiner Seele und die Gesetzmäßigkeiten, die seine Bewegungen, seine Zu- und Abneigungen beherrschen, zeigen, dass seine Verkörperungen hier, wo es wirkte, stattfinden müssen, und zwar bis zu dem Zeitpunkt, wo es fähig ist, jene Kräfte zu überwinden, die es an unsere Erde binden. Würde dem erdgebundenen Menschen erlaubt werden, sich auf ein anderes Betätigungsfeld zu begeben, bevor er alle Ursachen überwunden hat, die ihn hierher angezogen haben, und ohne dass er seine Verpflichtungen gegenüber anderen Menschen aus demselben Evolutionsstrom erfüllt hat, wäre das ungerecht. Es würde den mächtigen okkulten Gesetzen und Kräften zuwiderlaufen, die ununterbrochen auf uns Menschen einwirken. Die ersten Kirchenväter erkannten dies und lehrten, dass die Seele in die Materie gefallen und durch die Gesetze ihrer eigenen Natur verpflichtet sei, sich wieder zu dem Ort emporzuringen, von dem sie gekommen war. Sie kannten eine alte griechische Hymne mit folgendem Wortlaut:

„Ewiges Sein! Nur einen schwachen Strahl
schickt schüchtern aus dem irdischen Gewand
hin über wilden Chaos' finstre Wogen –
der Funke, der von Dir in mich verpflanzt.
Gepflanzt ward meine Seele, des Gemütes Hülle,
als Keim in Fleisch für ihren Erdenlauf:
Drum neige, Herr, in Gnaden Dich zu ihr,
die von Dir kam, die Dich zum Ursprung hat.
Weit weg von Dir, Du aller Feuer Feuer,
geschleudert in der Erde dunkle Haft;
oh, lass das schwache Fünklein nicht erlöschen,
zieh es dereinst, als Dein, zurück zu Dir!"

Jeder Mensch hat einen einzigartigen Charakter, der ihn von jedem anderen Menschen unterscheidet. Die zu Nationen vereinigten Mengen von Egos zeigen als Ganzes, dass die nationale Kraft und die entsprechenden Eigenheiten zusammen einen bestimmten und besonderen Nationalcharakter bilden. Diese individuellen und nationalen Unterschiede entspringen im Wesentlichen dem essenziellen Charakter der Individuen, nicht aber der Erziehung. Selbst die Lehre vom Überleben des Tauglichsten sollte dies zeigen, denn Tauglichkeit muss erworben werden, sie kann nicht aus dem Nichts entstehen und wird sich schließlich als Ausdruck des inneren Charakters erweisen. Und da sowohl unter einzelnen Individuen als auch unter Nationen diejenigen, die im Ringen mit ihrer inneren Natur am weitesten fortgeschritten sind, eine große Charakterstärke zeigen, so müssen wir eine Zeit und einen Ort finden, in der die Kraft hierzu entwickelt wurde. Zeit und Ort sind, wie die Theosophie erklärt, unsere Erde und die gesamte Zeitperiode, während der die menschliche Rasse auf diesem Planeten lebt.

Auch wenn die Vererbung also etwas mit den unterschiedlichen Charakteren der Menschen, mit deren Stärke und Moral zu tun hat, so beeinflusst sie dennoch Seele und Gemüt nur in einem geringen Grad. Zwar bereitet sie darüber hinaus auch einen geeigneten Ort vor, an dem Belohnung und Bestrafung erfahren werden, dennoch ist sie nicht die Ursache für die von jedem Menschen geoffenbarte essenzielle Individualität.

Alle Unterschiede, die Säuglinge von Geburt an zeigen, die bei Erwachsenen immer mehr durch ihren Charakter zum Vorschein kommen und die Völker in ihrer langen Geschichte zum Ausdruck bringen, entspringen den Erfahrungen, die in vielen Leben auf Erden gewonnen wurden. Sie sind das Resultat der Evolution der Seelen. Der Blick auf ein kurzes menschliches Leben kann das Hervorbringen unserer inneren Natur nicht erklären. Es ist absolut notwendig, dass jede Seele alle möglichen Erfahrungen durchlebt; diese kann jedoch ein kurzes Erdenleben selbst unter den bestmöglichen Verhältnissen nicht bieten. Vom „Allmächtigen" wäre es daher töricht, uns für eine so kurze Zeit auf die Erde zu stellen und uns gerade dann wieder abzurufen, wenn wir das Ziel unseres Lebens mit seinen vielfältigen Möglichkeiten gerade erst zu erkennen beginnen. Das rein egoistische Verlangen eines Menschen, den Schwierigkeiten und der Schulung des Lebens zu entgehen, ist bei Weitem kein ausreichender Grund, um die Naturgesetze außer Kraft zu setzen. Daher müssen wir so oft wiedergeboren werden, bis wir keine Ursachen für weitere Wiedergeburten mehr hervorbringen. Voraussetzung hierfür ist, dass wir unseren Charakter bis zur größtmöglichen Vollkommenheit entwickelt, jede Erfahrung durchlaufen und alle erlangbare Weisheit erworben haben. Die ungeheuren Unterschiede in der Ausprägung menschlicher Begabungen zwingen uns, wenn wir Gott oder die Natur gerecht heißen wollen, die Lehre von der Wiederverkörperung anzuerkennen und den Ursprung dieser Unterschiede in früheren Leben der Egos zu suchen. Denn die Menschen werden durch eingeschränkte Fähigkeiten in ihrer Entwicklung ebenso sehr gehindert, aufgehalten, missbraucht und zu Opfern scheinbarer Ungerechtigkeit gemacht wie durch die Verhältnisse ihrer Geburt und Erziehung. Wie wir sehen, können sich Menschen aus schwierigen Verhältnissen hocharbeiten, selbst wenn Familienverhältnisse und Erziehung ihnen Hindernisse in den Weg legen. Andererseits haben oft Menschen, die in wohlhabenden Familien geboren werden, eine eher geringe Begabung. Die Schwierigkeiten in Familien und Nationen entstehen wesentlich häufiger aus mangelnder Begabung als aus irgendeiner anderen Ursache.

Jeder Mensch fühlt und weiß, dass er eine eigene Individualität hat, eine persönliche Identität, die nicht nur die Lücken des Schlafes überbrückt, sondern auch jene, die infolge von Verletzungen oder Störungen im Gehirn auftreten. Diese Identität, die von der Geburt bis zum Tod niemals abreißt, ist nur durch die Charakteristik und die Unsterblichkeit der Monade, die sich durch ihre Seele manifestiert, zu erklären.

Soweit wir uns erinnern können, wissen wir, dass uns unsere persönliche Identität niemals verlassen hat, mag unser Gedächtnis auch noch so schlecht sein. Der Einwand, unsere Identität hänge von unserem Gedächtnis ab, ist damit widerlegt, denn wenn sie tatsächlich nur vom Gedächtnis abhinge, müssten wir jeden Tag wieder von vorn beginnen, weil wir keine lückenlose Erinnerung an all die kleinen Begebenheiten unserer Vergangenheit haben. Auch wenn sich manche Menschen nur an Weniges erinnern, fühlen sie dennoch ihre persönliche Identität. Und da häufig zu beobachten ist, dass selbst Menschen mit einem sehr schlechten Gedächtnis ihre persönliche Identität geradeso energisch verteidigen wie Menschen mit einem guten Gedächtnis, kann die Beständigkeit ihres Gefühls nur von ihrer alten unsterblichen Monade und deren Seele kommen.

Betrachten wir unser Leben mit all seinen verschiedenartigen Erfahrungsmöglichkeiten und Zielsetzungen, dann sind wir zu dem Schluss gezwungen, dass ein einziges Leben gänzlich unzureichend ist, um alle evolutionären Absichten der Natur auszuführen, ganz abgesehen davon, was wir selbst ausführen möchten. Die Skala der Erfahrungsmöglichkeiten unterschiedlichster Grade ist immens. Wie wir sehen, ruhen im Menschen eine Vielzahl latenter Kräfte, die entwickelt werden können, wenn die Gelegenheit dazu günstig ist. Das Wissen, das vor uns liegt, ist in seiner ganzen Tiefe und Vielfalt unbegrenzt, besonders in heutiger Zeit, in der das Spezialistentum in der Forschung keine Grenzen zu haben scheint. Der Mensch strebt nach hohen Zielen, doch wir müssen erkennen, dass wir nicht genügend Zeit haben, um ihnen gerecht zu werden. Hingegen beherrschen uns viele Leidenschaften und Wünsche, selbstsüchtige Motive und Begierden, die uns bis zum Portal des Todes verfolgen. All diese Kräfte müssen geprüft, unterjocht, besiegt und zum Höheren erhoben werden, doch ein Erdenleben reicht dafür nicht aus. Die Annahme, wir hätten nur ein einziges Leben hier auf Erden, das uns zwar unbegrenzte Möglichkeiten bietet, die wir aber unmöglich alle entwickeln können, hieße, aus dem Universum und dem Leben selbst eine entsetzlich grausame Farce zu machen. Doch genau dessen wird ein allmächtiger Gott von all jenen beschuldigt, die an eine einmalige Schöpfung jeder einzelnen Seele glauben. Auf diese Weise bezichtigen sie ihn, über den armseligen kleinen Menschen zu triumphieren, der ja nur eine Kreatur von ihm, dem Allmächtigen, sei. Ein menschliches Leben währt heute im Durchschnitt bestenfalls 70 Jahre*, und die Statistiken reduzieren es auf etwa 40 Jahre. Von diesen 70 bzw. 40 Jahren wird ein großer Teil im Schlaf und ein anderer Teil in der Kindheit verbracht. Daher ist es in einem Leben absolut unmöglich, auch nur einen Bruchteil der evolutionären Absichten, die in der Natur liegen, zu erreichen. Viele Wahrheiten erkennen wir nur vage, und ein einziges Leben kann uns nicht die Möglichkeit geben, sie völlig zu erfassen. Dies besonders dann nicht, wenn existenzielle Not zu überwinden ist. Unsere derzeitigen Fähigkeiten sind noch gering und nur schwach entwickelt. Ein

* In Deutschland und einigen west- und mitteleuropäischen Ländern 2007 nach UN-Angaben 78–79 Jahre (d. Ü).

Leben allein gibt uns daher nicht die Möglichkeit, unseren Bewusstseinszustand gravierend zu ändern. Dennoch verspüren wir latente Kräfte in uns, die in der kurzen Zeit eines Lebens jedoch unmöglich entwickelt werden können, und unsere Ahnung, dass das Feld der Wahrheit weitaus umfassender ist als der kleine Kreis, auf den unser Leben begrenzt ist, trügt nicht. Die Annahme, wir wären von einer außerirdischen Gottheit oder der Natur in einen Körper gezwängt worden, nur um von Bitterkeit über unsere begrenzten Möglichkeiten erfüllt zu werden, widerspricht jeder Vernunft. Viel logischer ist es, anzunehmen, dass eine Reihe von Inkarnationen zu den gegenwärtigen Verhältnissen geführt hat und dass der Prozess des ständigen Wiederkommens weitergehen muss, damit wir die nötigen Gelegenheiten zur Weiterentwicklung haben.

Der Tod selbst ist keine ausreichende Erklärung für die Entwicklung unserer Fähigkeiten und die Vernichtung falscher Neigungen und Vorlieben. Denn wenn wir annehmen, beim Eintritt in den Himmel sofort alles Wissen und alle Reinheit zu erlangen, wird der Zustand nach dem Tod auf eine unerträgliche Eintönigkeit reduziert, und das Leben selbst mit all seiner Schulung wird jeder Bedeutung beraubt. Einige Glaubensrichtungen lehren, dass auf den Tod eine Schulung folgt, bei der, wie unbegreiflicherweise behauptet wird, die Apostel selbst, die doch als ungelehrte Männer bekannt sind, als Lehrer wirken. Das ist völlig absurd und entspricht weder der Ordnung in der Natur, noch entspricht es logischem Denken. Wenn es tatsächlich eine Schulung nach dem Tod gäbe, stellte sich die Frage, warum wir dann überhaupt in dieses Leben gedrängt werden. Und warum müssen wir nach all dem Leiden und den begangenen Irrtümern den Ort verlassen, an dem wir unsere Handlungen ausführten? Die einzige Lösung all dieser Probleme liegt in der Reinkarnation: Wir kommen zur Erde zurück, weil wir hier zusammen mit allen anderen Bewohnern und Lebewesen unser Leben gelebt und unsere Handlungen vollbracht haben; weil die Erde der einzige Ort ist, an dem sich Belohnung und Bestrafung je nach Verdienst auswirken können; weil hier der einzige natürliche Ort ist, an dem wir in unserem Bestreben nach Vervollkommnung fortfahren, die in uns latenten Fähigkeiten und

Kräfte weiterentwickeln und die Unvollkommenheiten überwinden können. Die Gerechtigkeit uns selbst und allen anderen Lebewesen gegenüber verlangt dies. Wir können nicht für uns allein leben, und es wäre ungerecht, irgendjemand entrinnen zu lassen, während andere zurückbleiben müssten oder in eine ewige Hölle geworfen würden.

Das Fortbestehen unzivilisierter Völker, der Aufstieg und Verfall von Nationen und Zivilisationen, das völlige Aussterben von Volksstämmen – all dies verlangt eine Erklärung, die nur in der Reinkarnation gefunden werden kann. Unzivilisierte Völker existieren auch heute noch, weil noch Egos vorhanden sind, deren evolutionäre Erfahrungen noch sichtlich eingeschränkt sind. Sie werden in höhere Rassen eintreten, sobald sie entsprechend entwickelt sind. Rassen sterben aus, weil die Egos genügend von den Erfahrungen gesammelt haben, die ihnen die betreffenden Rassen bieten konnten. So finden wir Beispiele alter Rassen, die von den weiterentwickelten Egos verlassen sind. Und während sich solche Egos durch den Tod aus ihrer alten Rasse zurückziehen, treten andere, weniger evolvierte Seelen in die Körper der Rasse ein und benutzen sie, um die Erfahrungen zu erlangen, die diese Rassenkörper ihnen geben können. Eine Rasse kann nicht aufsteigen und dann plötzlich wieder verschwinden. Wir sehen, dass dies nicht vorkommt, die Wissenschaft hat jedoch noch keine Erklärung dafür gefunden. Sie stellt lediglich fest, dass Nationen degenerieren und schließlich aussterben. Mit dieser Feststellung werden jedoch weder der innere Mensch noch die verborgen wirkenden okkulten Gesetze berücksichtigt, die bei der Bildung einer Nation zusammenwirken. Die Theosophie zeigt, dass sich die verbliebenen Energien nach und nach auswirken müssen. Daher wird die Erzeugung von Körpern mit dem typischen Charakter der Rasse andauern, obwohl die Egos nicht gezwungen sind, diese Art von Körpern länger zu bewohnen, wenn sie die Entwicklungsstufe dieser Rasse überschritten haben. Daher kommt eine Zeit, in der die gesamte Armee von Egos die Rasse, die sie aufbauten, verlassen werden, um eine andere physische Umgebung aufzusuchen, die ihnen mehr entspricht. Die Ordnung der Natur lässt jedoch ein plötzliches Verschwinden der physischen Rasse nicht zu, und so treten gemäß dieser Ordnung der Evolution andere und weniger entwickelte Egos in die Rasse ein, bewohnen die bereitgestellten Körperformen und führen die Erzeugung neuer Körper fort, was allerdings von Jahrhundert zu Jahrhundert in einem geringeren Ausmaß geschieht. Diese niederen Egos sind nicht in der Lage, die von den anderen Egos zurückgelassenen Energien bis zur vollen Leistungsgrenze auszunutzen. Aus diesem Grunde wird auch die alte Rasse oder Nation im Laufe der Zeit langsam degenerieren und aussterben, während die Egos in ihr so viel Erfahrungen wie möglich sammeln. Das ist die wahre Erklärung für die Degeneration von Volksstämmen, Rassen oder ganzen Nationen, und keine andere der aufgestellten Theorien wird den Tatsachen gerecht. Von Ethnologen wurde auch die Hypothese aufgestellt, die zivilisierteren Nationen würden die weniger entwickelten Völker ausrotten. Tatsache ist jedoch, dass infolge des großen Unterschiedes zwischen den Egos, die den alten Rassenkörper bewohnen, und den Energien dieser Körper die Frauen unfruchtbar zu werden beginnen, wodurch langsam aber sicher die Zahl der Todesfälle die der Geburten übersteigt. Große Zivilisationen wie die Ägyptens und Babyloniens sind verschwunden, weil die Seelen, die sie aufgebaut hatten, bereits vor langer Zeit in den großen Eroberervölkern Europas und des gegenwärtigen amerikanischen Kontinents inkarniert sind. Als Nationen und Rassen sind sie bereits vollständig inkarniert, und zwar für höhere Ziele als je zuvor. Von all den alten Rassen ist nur die arisch-indische als Bewahrer der alten Lehren übrig geblieben. Eines Tages wird sie sich wieder zu den Höhen ihres einstigen Ruhmes erheben.

Das Erscheinen genialer Menschen und großer Denker in Familien, in denen herausragende Eigenschaften bis dahin nicht aufgetreten sind, wie auch das Verschwinden genialer Anlagen, die Vorfahren aufgewiesen haben, kann nur durch das Gesetz der Reinkarnation erklärt werden. Napoleon I. zum Beispiel kam in eine Familie, deren Willens- und Charakterstärke sich völlig von der seinen unterschied, Vererbung kann seinen Charakter also absolut nicht erklären. Nur dann, wenn für Napoleon eine lange Reihe von Leben angenommen wird, die ihm entsprechende Ursachen und eine entsprechende Richtung für seine Evolution vorgegeben hatten, die sein Gemüt, seinen Charakter und seine Willenskraft hervorgebracht hat, erhalten wir eine vage Vorstellung, warum er oder andere geniale Charaktere geboren werden. Mozart konnte schon als Kind Orchesterpartituren schreiben. Hierfür war aber nicht Vererbung verantwortlich, denn eine solche Fähigkeit ist keine natürliche Begabung, sondern die Folge des Lernens in früheren Leben, und dadurch wurde sie ihm schließlich zu eigen und für ihn selbstverständlich. Mozart übte sie daher nun ohne jede Schulung aus. Er war ein reinkarnierter Musiker, dem seine Eltern ein musikalisches Gehirn gegeben hatten, sodass er sein musikalisches Wissen und Können ungehindert entfalten konnte. Aber noch frappierender ist der Fall des blinden Tom, eines Farbigen, dessen Familie keine Kenntnisse vom Spielen auf einem Klavier, also einem modernen Instrument, haben konnte und somit nicht den Atomen seines Körpers hätte übertragen können. Dennoch besaß Tom eine große musikalische Begabung und zeigte staunenswerte technische Fertigkeiten auf dem Piano. Es gibt noch Hunderte ähnlich gelagerte Beispiele, in denen Wunderkinder die Welt in maßloses Erstaunen versetzten. In Indien gibt es viele Erzählungen über Weise, die von Kindesbeinen an bereits ein vollständiges philosophisches Wissen enthüllten, und zweifellos finden sich bei allen Völkern ähnliche Überlieferungen von reinkarnierten weisen Menschen. Dieses Zurückbringen höheren Wissens erklärt auch die Intuition, denn Intuition ist die Rückerinnerung an frühere Leben, unser spirituelles Gedächtnis. Der Instinkt hingegen, der besonders bei Kindern und Tieren zu beobachten ist, ist nichts anderes als das Resultat unseres niederen psycho-astralen Gedächtnisses. Und ob nun ein Neugeborenes schutzsuchend seine Arme ausstreckt, Tiere durch ihren außergewöhnlich starken Instinkt auffallen oder Bienen Honigzellen nach den Regeln der Geometrie bauen: Sowohl Intuition als auch Instinkt sind die Wirkung der Reinkarnation, die sich entweder im Bewusstsein oder in der physischen Zelle zum Ausdruck bringt. Denn, wie schon gesagt wurde, kein Atom kann ohne eigenes Leben, ohne Bewusstsein und Intelligenz existieren.

Im Fall des Musikgenies Bach haben wir den Beweis dafür, dass Vererbung nichts bewirkt, wenn die Egos der Nachkommen nicht weit genug fortgeschritten sind, denn Bachs Genie vererbte sich in seiner

Familie nicht fort, es verlor sich nach und nach gänzlich. Dies erklärt auch, warum geistig behinderte oder bösartige Kinder zu guten, unbescholtenen oder hochbegabten Eltern kommen können. In diesen Fällen wird Vererbung durch ein bösartiges oder mangelhaftes Ego völlig ausgeschaltet.

Schließlich wird auch die Tatsache, dass gewisse Ideen oder Grundgedanken der gesamten menschlichen Rasse eigen sind, von den großen Weisen als Rückerinnerung an die Vergangenheit erklärt. Sie sind den menschlichen Gemütern zu Beginn ihrer Evolution auf unserem Planeten von den Älteren Brüdern und Weisen eingeprägt worden, die schon lange vor der Entwicklung unserer Erde in früheren Manvantaras ihre Lektionen gelernt und Vollkommenheit errungen hatten. Wissenschaftler haben für diese innewohnenden Ideen keine andere Erklärung, als dass sie „eben existieren"; aber dessen ungeachtet wurden sie tatsächlich den unzähligen Egos gelehrt, die ihre Evolution auf unserer Erde durchlaufen. Sie wurden ihnen eingeprägt oder ihrem Wesen eingebrannt, um für immer in der Erinnerung der Egos während ihrer äonenlangen Pilgerschaft lebendig zu bleiben.

Vielfach wird angenommen, der Widerstand gegen die Lehre von der Reinkarnation beruhe einzig und allein auf einem Vorurteil, sofern er nicht einem Dogma entspringt. Ein Dogma kann jedoch nur so lange aufrechterhalten werden, wie das Gemüt unterdrückt und am Gebrauch seiner eigenen Erkenntniskräfte gehindert wird. Reinkarnation ist die edelste aller Lehren, und in Verbindung mit ihrer Zwillingslehre von Karman, die im Folgenden betrachtet werden soll, vermag nur sie allein die Grundlage für wahre Ethik und unbedingte Gerechtigkeit zu geben. Für mich besteht kein Zweifel, dass der Gründer des Christentums sie als selbstverständlich betrachtete und dass ihr gegenwärtiges Fehlen den wahren Grund für die ernsten Widersprüche innerhalb der christlichen Kirche bildet. Hierin ist auch der Grund zu sehen, warum die heutige Moral und die Lebensgewohnheiten in so krassem Gegensatz zu der von Jesus verkündeten reinen Ethik stehen.

11. Kapitel

Karman

Karman ist ein dem westlichen Ohr ungewohntes Wort, das von den Theosophen des 19. Jahrhunderts für eines der wichtigsten Naturgesetze übernommen wurde. Karman wirkt ununterbrochen. Seine Wirksamkeit erstreckt sich sowohl auf die Planeten und Planetensysteme als auch auf Rassen, Nationen, Familien und einzelne Individuen. Karman ist zugleich die Zwillingslehre zur Reinkarnation. Diese beiden Gesetzmäßigkeiten sind so unauflöslich ineinander verschlungen, dass es fast unmöglich ist, eine getrennt von der anderen richtig zu betrachten. Nichts im Universum, kein Lebewesen, ist frei von der Wirkung Karmans, alles steht unter seiner Herrschaft. Jede Tat, jede Handlung, jeder Gedanke, ob gut oder schlecht, findet einen gerechten Ausgleich. Hierdurch erfahren wir Disziplinierung, erlangen Ruhe und werden so den entfernten Höhen der Vollkommenheit zugeführt. Dieses Gesetz, das zugleich unser gesamtes physisches und moralisches Wesen umschließt, ist so allumfassend, dass seine tiefere Bedeutung in westlichen Sprachen nur durch Umschreibung und ausführliche Erklärung wiedergegeben werden kann. Aus diesem Grund wurde das Sanskṛitwort *Karman* für seine Bezeichnung ausgewählt.

Auf ein moralisch geführtes Leben angewandt, ist Karman das Gesetz der ethischen Verursachung, der Gerechtigkeit und der Belohnung bzw. der Bestrafung. Es ist die Ursache von Geburt und Wiedergeburt und zugleich das Mittel, von der Reinkarnation frei zu werden. Von einem anderen Standpunkt aus betrachtet, ist es die einer Ursache entspringende Wirkung, Aktion und Reaktion, das genaue Resultat eines jeden Gedankens und jeder Handlung. Es bedeutet Handeln und ist das Ergebnis des Handelns, denn der Sinn des Wortes ist buchstäblich Tätigkeit. Die Theosophie betrachtet das Universum als ein intelligentes Ganzes, und daher ist jede Bewegung im Universum eine

Tätigkeit des Ganzen, die zu Wirkungen führt, die für sich wieder zu Ursachen für weitere Wirkungen führen. So allgemein betrachtet, sagten die alten Hindus, dass jedes Wesen bis hinauf zu Brahmâ unter der Herrschaft von Karman steht.

Karman ist kein Wesen, sondern Naturgesetz. Es ist das universale Gesetz der Harmonie, das unfehlbar alle Störungen wieder ins Gleichgewicht bringt. Damit steht diese Lehre im Widerspruch zu der allgemeinen Vorstellung von Gott, die aus dem jüdischen System entstanden ist: Gemäß dieser Vorstellung steht der Allmächtige als denkende Wesenheit außerhalb des Universums und baut das Universum für die Gerechten und Ungerechten auf, um es alsdann zu ihrer Bestrafung wieder zu zerstören. Diese Vorstellung hat Millionen in Furcht vor Gott leben lassen. Sie folgten den ihm zugeschriebenen Geboten mit dem selbstsüchtigen Ziel, einen Lohn zu empfangen und seinem Zorn zu entrinnen, womit die Verneinung allen spirituellen Lebens einherging. Jedem Menschen ist jedoch schmerzlich bewusst, dass eine ständige Zerstörung in und um uns herum vor sich geht. Es findet ein ständiger Kampf nicht nur zwischen den Menschen, sondern überall im gesamten Sonnensystem statt. Dieser Kampf verursacht Sorgen und Leiden, sodass die Vernunft eine Lösung dieses Rätsels verlangt. Der Obdachlose, der ohne Zuflucht und Hoffnung ist, betet laut zu einem Gott, der keine Antwort gibt. Es regt sich Neid in ihm, wenn er die Reichen sieht, die sich scheinbar ungestraft alles leisten können. Auf die Frage nach der Gerechtigkeit, warum ein solches Elend jenen auferlegt wird, die scheinbar nichts getan haben, um dessentwillen sie es verdient hätten, und die mittellos in diese Welt geboren werden, ohne jede Gelegenheit zur Bildung, ohne die Möglichkeit, soziale, rassische und alltägliche Hindernisse zu überwinden, wird stets die Antwort gegeben: „Das ist der Wille Gottes." Oder ein anderes Beispiel: Warum werden Kinder ihren Eltern frühzeitig durch Tod wieder genommen, zu einem Zeitpunkt, an dem die Zukunft Gutes zu verheißen schien? Auch auf die Frage: „Warum trifft gerade uns dieses Schicksal?" folgt nur derselbe verständnislose Hinweis auf den unerforschlichen Willen Gottes. So sehen wir in allen sozialen Schichten Verlust, Verletzung, Verfolgung, Mangel an Möglichkeiten, die Zerstörung menschlichen Glücks durch Naturkräfte, Tod, Rückschläge und Enttäuschungen, von denen fortwährend gute und üble Menschen gleichermaßen betroffen werden. Aber nirgends gibt es befriedigende Antworten oder Hilfe in diesen brennenden Fragen. Allein die zeitalteralte überlieferte Lehre von Karman gibt befriedigende Antworten und Hilfe zugleich. Sie besagt, dass jeder Mensch der Verursacher und Gestalter seines eigenen Schicksals ist. Nur er allein legt die Ursachen für sein eigenes Glück oder Unglück. In einem Leben sät er, und im nächsten erntet er seine eigene Aussaat. So führt ihn für immer und ewig das karmische Gesetz.

Karman ist ein wohltätiges, absolut barmherziges Gesetz. Es ist unbeugsam gerecht, denn wahre Barmherzigkeit ist nicht Gunst, sondern absolute Gerechtigkeit.

„Die Schrift hat, Brüder, recht: Des Menschen Sein
als Folge geht auf früheres Sein zurück;
vergangner Sünd' entsprießen Sorg' und Leid,
vergangner Guttat Glück."

(Edwin Arnold: „Die Große Rede Buddhas"
aus *Die Leuchte Asiens**)

Wie wird das jetzige Leben durch frühere gute oder schlechte Handlungen beeinflusst, und vollzieht sich der Ausgleich stets durch Bestrafung? Ist Karman nur Fatum unter einem anderen Namen? Ist unser Schicksal durch unser eigenes Karma bereits vorbestimmt, sodass es kein Entrinnen gibt? Kann es uns daher gleichgültig sein, welche Gedanken wir denken und welche Handlungen wir ausführen, weil wir unser Schicksal ja doch nicht beeinflussen können? Nein, Karman ist durchaus nicht Fatalismus! Alles, was in einer früheren Verkörperung geschehen ist, hat Folgen, die das Ego in der neuen Inkarnation als Freuden oder Leiden erlebt, denn wie Paulus sagt: „Brüder, irret euch nicht! Gott lässt sich nicht spotten. Denn was der Mensch sät, das wird er ernten" (Galater 6, 7). Die Wirkung liegt schon in der

---

* In: Katherine Tingley: *Helena Petrowna Blavatsky – Ein Genius verändert die Welt.* Hannover, 1992, S. 318 (d.Hrsg.).

Ursache, und Karman bringt sie lediglich bei einer erneuten Reinkarnation durch den Körper, das Gehirn und das Gemüt hervor. Und so wie die von einem Menschen erzeugte Ursache in einer bestimmten Beziehung zu ihm als ihrem Erzeuger steht, als dem Zentrum, aus dem sie hervorkam, so erfährt auch jeder die Resultate seiner eigenen Handlungen. Manchmal scheint es so, als kämen die Wirkungen, die wir erfahren, ausschließlich von den Handlungen anderer Menschen, aber tatsächlich sind sie die Resultate unserer eigenen Handlungen und Gedanken in diesem oder einem früheren Leben. Unsere Tätigkeit steht immer im Zusammenhang mit anderen; und die Handlungen, denen unsere Gedanken zugrunde liegen, haben stets Beziehungen zu anderen Personen und zu uns selbst.

Es wird also keine Handlung ausgeführt, ohne dass ihr ein Gedanke zugrunde liegt, der entweder im Moment der Handlung auftritt oder erst zu ihr geführt hat. Diese Gedanken verweilen in unserem mânasischen Teil, unserem Gemüt. Sie bilden äußerst feine, aber mächtige Bindeglieder mit magnetischen Fäden, die das gesamte Sonnensystem umspannen und verschiedene Wirkungen entfalten. Die auf den vorhergehenden Seiten entwickelte Lehre, dass das ganze System einschließlich unserer festen Erde lebendig und in jeder Region bewusst ist – obgleich sich nur beim Menschen Selbstbewusstsein zeigt –, kommt hier zur Geltung. Sie erklärt, wie ein Gedanke, der in diesem Leben einer Handlung zugrunde liegt, in diesem oder einem kommenden Erdenleben Resultate zustande bringen kann. Der geringste, auch noch so weit zurückliegende Eindruck im Leben eines Menschen kann wieder zum Leben erweckt werden. Kein Eindruck kann je verloren gehen, sie alle sind nur latent. Und wenn ein Kind behindert zur Welt kommt, wer oder was ist dafür verantwortlich? Es ist des Kindes Karma für Gedanken und Handlungen in einem früheren Leben. Im Verhältnis zur Stärke seiner einstigen Gedanken steht auch die Intensität und Tiefe des Bildes, das seinem Denken eingeprägt wird. Es ist der gleiche Vorgang wie bei der Belichtung einer empfindlichen fotografischen Platte: Je nach der Dauer der Belichtung wird die Wirkung auf der Platte oberflächlich oder tief. So trägt also der Denkende und Handelnde – das Ego – bei der nächsten Inkarnation dieses Bild mit sich. Wenn dann die Familie, zu der er karmisch hingezogen wird und in die er geboren wird, ähnliche physische Tendenzen in ihrem Evolutionsstrom hat, kann dieses Gemütsbild unter Umständen bewirken, dass der neugebildete Astralkörper vermittels elektrischer und magnetischer Osmose durch die Mutter des Kindes die Behinderung erhält. Und da alle Lebewesen auf der gesamten Erde unauflöslich miteinander verknüpft sind, so entspricht das behinderte Kind ebenso dem Karma der Eltern als Folge ähnlicher Gedanken und Handlungen in ihren früheren Leben. Hier zeigt sich exakte Gerechtigkeit, die durch keinen anderen Deutungsversuch erklärt werden kann.

Da wir oft – um zur Veranschaulichung bei diesem Fall zu bleiben – körperlich behinderte Menschen mit fröhlicher Gemütsverfassung, ausgezeichnetem Intellekt, gutem Urteilsvermögen und guten moralischen Eigenschaften finden, so führt gerade ein solcher Fall zu dem Schluss, dass sich Karma in jedem individuellen Fall unterschiedlich auswirkt und offenbar auch in mehr als einem Prinzip unserer siebenfältigen Natur arbeitet, sodass einerseits angenehme, andererseits aber auch unangenehme Wirkungen eintreten können.

Karman wirkt auf dreierlei Art:

Erstens: das Karma, das sich bis jetzt noch nicht in unserem Leben auswirken konnte, weil andere karmische Ursachen noch in Tätigkeit sind. Dies ist einem Gesetz zuzuschreiben, das Physikern sehr gut bekannt ist: Zwei einander entgegengesetzte Kräfte können sich gegenseitig neutralisieren, und eine Kraft kann so stark sein, dass sie die Wirkung der anderen vorübergehend aufhebt. Dieses Gesetz wirkt in den unsichtbaren mentalen und karmischen Regionen der Wesenheit geradeso gut wie auf unserer sichtbaren physischen Ebene. Die Energie einer bestimmten Gruppe körperlicher, mentaler und psychischer Fähigkeiten mit ihren Neigungen kann die Wirkung von Ursachen, mit denen wir verknüpft sind, gänzlich aufheben, weil unsere gesamte Konstitution für die Ausführung des karmischen Gesetzes benötigt wird. Daher bilden die schwachen und mittelmäßigen Charaktere auch nur einen schwachen Brennpunkt für Karma. Sie können somit während eines Lebens nur magere Resultate aus Lernprozessen erzielen, obgleich sie selbst einen geringen karmischen Druck als sehr schwer empfinden mögen. Andere Menschen aber, die einen starken und tiefgründigen Charakter haben, werden eine vermehrte Anhäufung von Karma als weniger belastend empfinden als schwächere Personen.

Zweitens: das Karma, das wir durch unsere Gedanken und Handlungen jetzt erzeugen und aufspeichern. Dieses Karma wird sich in der Zukunft auswirken, sobald das inkarnierende Ego in einem kommenden Leben den geeigneten Körper, das geeignete Gemüt und die geeignete Umgebung erlangt oder wenn sich hinderndes Karma inzwischen ausgewirkt hat oder abgetragen worden ist.

Dies bezieht sich sowohl auf das gegenwärtige als auch auf das nächste Leben. Wir können in diesem Leben einen Punkt erreichen, an dem sich alle früheren Ursachen erschöpft haben, sodass also neues Karma oder das Karma, das noch nicht erschöpft ist, wirksam werden muss.

Hierzu zählen jene Fälle, in denen Menschen plötzlich Schicksalsschläge erleiden oder eine Änderung der Lebensumstände erfahren, die den Charakter zum Besseren hin verändern. Diese Veränderungen können eine sehr große Bedeutung für unsere gegenwärtige Lebensführung haben: Während sich altes Karma auswirken muss und nicht aufgehalten werden kann, ist es unbedingt weise, unter den gegenwärtigen Umständen, ganz gleich wie sie sind, so zu denken und zu handeln, dass keine üblen oder hinderlichen Ursachen für die nächste Inkarnation oder für spätere Jahre unseres Lebens erzeugt werden. Auflehnung ist nutzlos, denn das große Gesetz wirkt untrüglich, ob wir nun jubeln oder weinen. Der große französische Ingenieur Ferdinand de Lesseps ist ein gutes Beispiel für diese Art Karma. Nachdem er durch das Erbauen des Suezkanals viele Jahre seines Lebens ein hohes Maß an Ruhm und Anerkennung genossen hatte, wurde er plötzlich durch den Panamaskandal mit Schande bedeckt. Mag er nun schuldig oder unschuldig gewesen sein, die Schande, dass sein Name in Verbindung mit einem nationalen Unternehmen genannt wurde, das bis in die höchsten Stellen aufgrund von Bestechung und Unlauterkeit einen Skandal auslöste, blieb an ihm haften. Das war die

Auswirkung alter karmischer Ursachen genau zu der Zeit, als die vorher wirksamen Ursachen erschöpft waren. Napoleon I. ist ein anderes Beispiel. Er stieg zu hohen Ehren empor, fiel dann plötzlich und starb in Ungnade im Exil. Viele ähnliche Fälle werden dem nachdenklichen Leser in den Sinn kommen.

Drittens: das Karma, das sich auszuwirken begonnen hat. Ursachen, die wir in früheren Leben zusammen mit anderen Egos gelegt haben, wirken sich jetzt aus. Das Karma ist deshalb in Tätigkeit, weil es der gegenwärtigen Familienrasse, dem individuellen Körper, dem Astralkörper und den Rassentendenzen der gegenwärtigen Inkarnation am meisten verwandt ist. Daher bringt es sich deutlich zum Ausdruck, während anderes unerschöpftes Karma seine angemessene Zeit abwartet.

Diese drei Klassen von Karman beherrschen Menschen, Tiere, Welten und die Perioden der Evolution. Jede Wirkung entspringt einer vorher erzeugten Ursache. Und weil wir fortwährend wiedergeboren werden, erfahren wir auch ständig die Wirkung unserer Gedanken und Handlungen (die selbst wieder Ursachen bilden) aus einer früheren Inkarnation. Und so ist jeder von uns für jedes Wort und für jeden Gedanken selbst verantwortlich, wie es im Matthäus-Evangelium heißt. Niemand kann durch Gebete, durch die Gunst anderer, mittels Gewalt oder durch irgendein anderes Hilfsmittel seinem Karma entrinnen.

Da sich die karmischen Ursachen in drei Klassen teilen, müssen sie auch in verschiedenen Regionen wirken: beim Menschen in seiner mentalen und intellektuellen Natur; in seiner psychischen oder seelischen Natur; und in seinem Körper und seinen Lebensumständen. Der spirituelle Teil der Konstitution des Menschen wird jedoch niemals von Karma berührt oder beeinflusst.

Eine Art von Karma kann zur selben Zeit auf allen drei Gebieten unserer Konstitution wirksam sein. Es kann aber auch eine Mischung von Ursachen vorliegen, die gleichzeitig auf verschiedenen Gebieten zur Geltung gelangen. So wie die karmischen Gesetze über den individuellen Menschen herrschen, wirken sie in ähnlicher Weise auch auf Rassen, Nationen und Familien. Jede Rasse hat als Gesamtheit ihr spezielles Karma. Ist es gut, steigt die Rasse empor, ist es übel, stirbt sie als Rasse aus, während die betroffenen Seelen ihr Karma in anderen Rassen und Körpern wieder aufnehmen. Auch Völker können ihrem nationalen Karma nicht entfliehen. Die alten Azteken und andere alte Völker Amerikas starben aus, weil ihr Karma – das Resultat ihrer eigenen Lebensführung als Volk in entferntester Vergangenheit – auf sie zurückfiel und sie vernichtete. Bei Nationen tritt die vernichtende Wirkung Karmas stets durch Hungersnöte, Kriege, Naturkataklysmen und Unfruchtbarkeit der Frauen ein. Die letztgenannte Ursache tritt gegen Ende einer Nation oder eines Volkes ein.

Zusammen mit der Lehre von der Reinkarnation erklärt die Lehre von Karman das Elend und die Leiden in der Welt. Es ist nicht möglich, die Natur dafür verantwortlich zu machen. Auch wenn Nationen oder Volksstämme eine Zeit lang verschwinden mögen, die zu ihnen gehörenden Egos verlassen keineswegs die Erde. Sie kommen vielmehr als Gründer einer neuen Nation zurück in die Inkarnation, in der sie mit ihrem Werk fortfahren und ihrem Karma gemäß Schicksalsschläge oder Belohnungen annehmen müssen. Für dieses Gesetz geben die alten Ägypter ein gutes Beispiel ab. Unzweifelhaft erreichten sie eine sehr hohe Entwicklungsstufe und wurden dennoch als Nation ausgelöscht. Aber die Seelen – die alten Egos – leben weiter und vollenden nun ihr selbstgeschaffenes Schicksal als eine andere Nation in unserer Zeit. Die Vereinigten Staaten und die Indianer sind ein anderes Beispiel. Die Indianer wurden von den Weißen äußerst schamlos behandelt. Nun werden die Egos der Indianer in dem neuen und eroberungslustigen Volk geboren und als Mitglieder dieser großen Familie selbst die Werkzeuge sein, die entsprechende Resultate hervorrufen für die Ungerechtigkeit und Grausamkeit, die ihnen angetan wurde, als sie noch in ihren Indianer-Körpern lebten. So geschah es zuvor, und ebenso wird es wieder geschehen.

Individuelles Elend in irgendeinem Leben wird wie folgt erklärt:

a) als Vergeltung für in früheren Leben verübtes Unrecht,
b) als vom Ego freiwillig auf sich genommene Schulung, um Unvollkommenheiten auszugleichen und dafür Charakterstärke und

> Mitgefühl für andere zu erringen. Wenn Fehler beseitigt werden, wirkt dies wie das Forträumen von Hindernissen aus einem Bewässerungskanal, durch den das Wasser dann ungehindert fließen kann.

Individuelles Wohlergehen wird auf die gleiche Art erklärt: Es ist das Resultat früherer guter Lebensführung.

Die sich hieraus zwingend ergebende wissenschaftliche Basis für wahre Ethik ist nur in dieser und in keiner anderen Lehre zu finden. Denn wenn wahre Ethik nur um ihrer selbst willen ausgeübt werden soll, werden die Menschen die Gründe dafür nicht erkennen. Sie werden auch nie fähig sein, einzusehen, aus welchem Grund sie gerecht handeln sollten. Wenn Ethik nur aus Furcht angesichts von Dogmen befolgt werden soll, fühlt sich der Mensch degradiert und wird danach trachten, sich seiner Pflicht zu entziehen.

In der *Geheimlehre* von H. P. Blavatsky steht zu diesem Thema Folgendes:

„Auch wären die Wege Karmas nicht unerforschlich, wenn die Menschen in Einigkeit und Harmonie wirken würden, anstatt in Uneinigkeit und Streit. Denn unsere Unkenntnis dieser Wege – die ein Teil der Menschheit die Wege der Vorsehung nennt, dunkel und verworren, während ein anderer in ihnen die Wirkung des blinden Fatalismus sieht und ein dritter einfachen Zufall, ohne Götter und ohne Teufel zu ihrer Leitung – würde sicherlich verschwinden, wenn wir nur alle von ihnen ihrer richtigen Ursache zuschreiben würden. Mit der richtigen Erkenntnis, oder zum mindesten mit einer vertrauensvollen Überzeugung, dass unsere Nachbarn ebenso wenig darauf sinnen, uns zu schädigen, als wir daran denken, sie zu kränken, würden zwei Drittel des Weltübels in leere Luft vergehen. Wäre kein Mensch dazu bereit, seinen Bruder zu verletzen, so hätte Karma-Nemesis weder Ursache, deshalb zu wirken, noch Waffen, um durch dieselben zu handeln. [...] Wir schneiden diese zahlreichen Windungen in unsere Schicksale täglich mit unseren eigenen Händen, indes wir uns einbilden, dass wir eine Spur auf der königlichen Heerstraße der Ehrbarkeit und Pflicht verfolgen, und dann uns beklagen, dass diese Windungen so verworren und so dunkel sind. Wir stehen verwirrt vor dem Geheimnis, das wir selbst geschaffen, und vor den Rätseln des Lebens, die wir *nicht* lösen *wollen,* und dann klagen wir die große Sphinx an, dass sie uns verschlingt. Aber fürwahr, es ist kein Zufall in unseren Leben, kein missratener Tag und kein Missgeschick, die nicht auf unsere eigenen Taten in diesem oder in einem anderen Leben zurückgeführt werden könnten. […]

Dieser Zustand der Dinge wird andauern, […] bis wir anfangen von *innen* heraus zu handeln, anstatt immer den Antrieben von *außen* zu folgen […] Bis dahin sind die einzigen Abwehrmittel gegen die Übel des Lebens Einigkeit und Harmonie – eine Bruderschaft *der Tat* und Selbständigkeit, die nicht nur dem Namen nach besteht. […]

Die Kenntnis des Karma gibt die Überzeugung, dass, wenn

> Tugend verzweifelnd, Laster triumphierend,
> Zu Gottesleugnern machen sie die Menschen,

dieses nur deshalb der Fall ist, weil die Menschheit jederzeit die Augen vor der großen Wahrheit verschlossen hat, dass der Mensch selbst sein eigener Erlöser und sein eigener Verderber ist. Er braucht nicht den Himmel und die Götter, die Fata und die Vorsehung der scheinbaren Ungerechtigkeit anzuklagen, die inmitten der Menschheit herrscht. Er möge sich vielmehr dieses Bruchstückes griechischer Weisheit erinnern und es für sich wiederholen, das den Menschen ermahnt, es zu vermeiden, *Das* anzuklagen, das

> Gerecht – geheim zwar, aber ohne Irren –
> Uns unbemerkt von Schuld zur Strafe führt;

und derart sind jetzt die Wege, auf denen sich die großen europäischen Völker weiterbewegen. Ein jedes Volk und ein jeder Stamm der westlichen Arier, sowie unserer östlichen Brüder von der fünften Rasse hat sein goldenes und sein eisernes Zeitalter gehabt, seine Periode verhältnismäßiger Unverantwortlichkeit oder seiner Satyaalter der

Reinheit, und jetzt haben verschiedene von ihnen ihr eisernes Zeitalter erreicht, das Kali-Yuga, eine schreckensschwarze Zeit.“ *

Hinweis: Erstmals in deutscher Übersetzung aus dem Englischen veröffentlichen wir die „Aphorismen über Karman“, siehe Anhang, Seite 199 (d. Hrsg.).

---

* H. P. Blavatsky: *Die Geheimlehre.* Originalausgabe, Hannover, 1999, Bd. I, S. 705 f.

12. Kapitel

Kâma-loka

Nachdem in den vorangegangenen Kapiteln die Evolution aller Lebewesen im Allgemeinen überflogen wurde, wollen wir nun die Zustände des Menschen nach dem Tode des Körpers und vor der Geburt betrachten. Hierbei taucht sofort die Frage auf: Gibt es Himmel und Höllen, und was sind sie? Sind sie Zustände oder Orte? Gibt es einen Ort im Raum, an dem sie gefunden werden können und zu dem wir gehen oder von dem wir wieder zurückkommen? An dieser Stelle müssen wir auch das Thema des vierten Prinzips der menschlichen Konstitution wieder aufgreifen, dessen Sanskṛitausdruck *Kâma* ist und das im Deutschen mit „Leidenschaft" und „Begierde" übersetzt wird. Wenn wir uns erinnern, was über dieses Prinzip, über den Astralkörper und das Astrallicht gesagt wurde, werden die Zustände *vor* und *nach* dem Tod leichter zu verstehen sein. Wenn nun der Tod eintritt, gehen wir nach dem Verlassen des Körpers zuerst in den Kâma-loka-Zustand über, in die Region der Begierden, und dann lösen sich die höheren drei Prinzipien, der wahre Mensch, und gehen in den Zustand von *Devachan*. Doch bevor wir uns dem Devachan zuwenden, wird es notwendig sein, Kâma-loka als Grundlage zu erklären.

Wenn der letzte Atem erloschen ist, dann sagen wir, der Mensch sei tot. Aber dies ist nur der Beginn des Todes, da er sich in anderen Regionen fortsetzt. Wenn die Augen geschlossen sind und der Körper erkaltet, fluten alle Kräfte des Körpers und des Gemütes durch das Gehirn, und nun überträgt sich in einer Reihe von Bildern das ganze soeben beendete Leben unauslöschlich auf den inneren Menschen, und zwar bis in die kleinsten Einzelheiten der flüchtigsten Eindrücke. Auch wenn während dieser Zeit für den Arzt alle Anzeichen dafür sprechen, den Menschen für tot zu erklären, ist doch der wahre innere Mensch noch fieberhaft in seinem Gehirn tätig, und er geht nicht eher fort, bis diese seine letzte Arbeit völlig abgeschlossen ist. Wenn dieser feierliche Prozess beendet ist, löst sich der Astralkörper vom physischen Körper, und nun, nachdem die Lebensenergie, Prâṇa, entschwunden ist, befinden sich die verbliebenen fünf Prinzipien in der Sphäre von Kâma-loka.

Die durch den Tod herbeigeführte natürliche Trennung der Prinzipien teilt den gesamten Menschen in drei Teile:

1. Der sichtbare Körper mit all seinen Elementen wird zur weiteren Zersetzung in der Erdregion zurückgelassen, wo all seine Bestandteile mit der Zeit wieder in die verschiedenen physikalischen Abteilungen der Natur zurückgeführt werden.
2. Das aus dem Astralkörper, den Begierden und Leidenschaften gebildete *Kâma-rûpa* beginnt sich auf der Astralebene gleichfalls aufzulösen.
3. Der wahre Mensch, die obere Triade *Âtma-Buddhi-Manas,* ist unsterblich. Er ist jetzt frei von seinem sterblichen Körper und außerhalb der Erdzustände. Im *Devachan* beginnt er nur als Gemüt zu funktionieren und ist mit einem sehr ätherischen Gewand versehen, das er wieder ablegen wird, wenn die Zeit für seine Rückkehr zu einer erneuten Inkarnation auf Erden gekommen ist.

Kâma-loka – die Region der Begierde – ist die Astralregion, die die Erde umgibt und durchdringt. Örtlich befindet sie sich auf der Erde, in ihr und in ihrem Umkreis. Sie dehnt sich bis zu einer messbaren Entfernung um die Erde aus, aber die hier herrschenden Gesetze gelten dort nicht mehr. Auch die dort existierenden Wesenheiten stehen nicht unter denselben Bedingungen von Raum und Zeit wie wir hier. Als ein Zustand ist Kâma-loka metaphysisch, obgleich sich diese Metaphysik nur auf die Astralregion bezieht. Kâma-loka wird die Sphäre der Begierde genannt, weil sie Bezug zu dem vierten Prinzip hat und die dort herrschende Kraft die von der Intelligenz getrennte Begierde ist. Kâma-loka ist die unmittelbar zwischen dem Erdenleben und dem devachanischen Zustand der Wesenheiten liegende Astralregion. Ohne Zweifel ist sie der Ursprung für die christliche Lehre vom Fegefeuer, der zufolge die Seele für üble Taten Buße leisten muss und durch Gebete und andere Zeremonien oder Opfer erlöst werden kann. Die Grundlage für diesen Aberglauben ist die Tatsache, dass eine Seele durch die ungeheure Kraft einer nicht befriedigten Begierde im *Kâma-loka* zurückgehalten werden kann. Sie vermag sich von den astralen und kâmischen Hüllen so lange nicht zu befreien, bis diese Begierde von jemandem auf Erden oder durch die Seele selbst befriedigt worden ist. War der Mensch aber von reinem Gemüt und voll edlen Strebens, ist die Trennung der Prinzipien von den kâmalokischen Regionen bald vollendet, und die höhere Triade kann ungehindert in *Devachan* eintreten. Da die Kâma-loka-Region die reine Astralregion ist, besteht sie nur aus Astralmaterie, die ihrem Wesen nach irdisch und teuflisch ist und deren sämtliche Kräfte weder von den Seelen noch von deren Gewissen geleitet werden. Kâma-loka ist sozusagen der Abfallhaufen des großen Lebenshaushalts, auf dem die Natur für die Ausscheidung der Elemente sorgt, für die kein Platz im *Devachan* ist. Aus diesem Grunde hat Kâma-loka viele Unterabteilungen, die den Alten alle einzeln bekannt waren. Im Sanskṛit sind sie als *Lokas* oder Örtlichkeiten in einem metaphysischen Sinn bekannt. Das menschliche Leben weist in Bezug auf Charaktere und Fähigkeiten sehr große Unterschiede auf, und für jeden ist eine entsprechende Region nach dem Tod vorhanden, wodurch sich *Kâma-loka* unendlich verschiedenartig gestaltet. Während des Lebens werden einige der Verschiedenheiten unter den Menschen gemildert, andere werden ganz unterdrückt aufgrund einer Gleichartigkeit von Körper und Vererbung, aber im *Kâma-loka* werden alle diese verborgenen Wünsche und Leidenschaften durch den Zerfall des Körpers freigesetzt. Aus diesem Grunde ist die Astralebene unendlich mannigfaltiger als die Ebene des Erdenlebens. Sie hat nicht allein für die natürlichen Varianten und Differenzierungen der nachtodlichen Zustände ihre entsprechenden Unterabteilungen, sondern auch für jene, die durch die vielfältigen Todesarten hervorgerufen werden, über die auch noch etwas gesagt werden soll. Alle diese unterschiedlichen Abteilungen sind lediglich das natürliche Resultat unserer Gedanken während des Erdenlebens und besonders der letzten Gedanken, die wir beim Verlassen unserer Erde haben. Eine Beschreibung all dieser verschiedenen Grade würde weit über den Rahmen dieses Buches hinausgehen, weil ganze Bände dazu nötig wären, und auch dann würden sie nur von wenigen verstanden werden.

Die Betrachtung von *Kâma-loka* zwingt uns also auch zu einer weiteren Erörterung des vierten Prinzips der menschlichen Konstitution, Kâma. Damit geraten wir allerdings in Widerspruch zu modernen Theorien und Erziehungsmethoden, die Fragen hinsichtlich unserer Wünsche, Leidenschaften und Begierden aufwerfen. Ganz allgemein wird angenommen, Wünsche und Leidenschaften seien dem Menschen innewohnende Neigungen, und wir machen uns recht undeutliche und nebelhafte Vorstellungen von ihnen. In dem System der theosophischen Philosophie gehören sie jedoch weder lediglich dem Innern des Individuums an, noch entspringen sie dem Körper an sich. Denn während der Mensch hier auf Erden lebt, haben die Wünsche und Leidenschaften, die dem *Kâma*-Prinzip angehören, kein von dem inneren und dem astralen Menschen getrenntes Leben, sie durchtränken vielmehr sozusagen seine gesamte Konstitution. Da sie aber nach dem Tod mit dem Astralkörper verschmelzen und ein gesondertes Wesen mit einer eigenen Lebensdauer bilden, das aber keine eigene Seele mehr besitzt, ergeben sich daraus gegebenenfalls schwerwiegende Konsequenzen. Denn während unseres Erdenlebens werden die Wünsche und Leidenschaften durch unser Gemüt und unsere Seele gelenkt, nach dem Tode aber wirken sie ohne unsere Leitung, ohne ihren früheren Meister, weiter. Während wir leben, sind wir für sie und ihre Wirkungen verantwortlich. Aber auch dann, wenn wir dieses Leben verlassen haben, sind wir weiter für sie verantwortlich; denn obgleich sie ohne unsere direkte Führung sind, üben sie ihre Wirkungen auf andere Menschen so lange weiter aus, wie ihre Lebenszeit als Astralwesen andauert. Hieraus ist zu ersehen, dass wir durch unser Verhalten eine ununterbrochene Verantwortung tragen! Unsere Wünsche, Leidenschaften und Begierden sind ein Teil der in der östlichen Philosophie wohlbekannten *Skandhas,* die als Aggregate den Menschen aufbauen. Der Körper umschließt einen Teil der *Skandhas,* der Astralmensch einen zweiten Teil, das *Kâma*-Prinzip einen dritten Teil, und auch die anderen Prinzipien haben ihre entsprechenden *Skandhas.* Im *Kâma*-Prinzip wirken die aktiven und wichtigen *Skandhas,* die die Reinkarnationen beherrschen und bei jeder Wiedergeburt in alle Wechselfälle des Lebens und alle Lebensverhältnisse hineinwirken. Sie werden Tag für Tag aus ihrer Latenz zu neuem Leben erweckt. Gesetzmäßig wird jeder Gedanke augenblicklich mit einer der elementalen Kräfte der Natur verbunden und gewissermaßen zu einem Wesen, dessen Lebenszeit der Stärke entspricht, mit der der verursachende Gedanke das Gehirn verlassen hat. Sie alle sind untrennbar mit dem Menschen verbunden, der sie einst gedacht und als seine Skandhas zurückgelassen hat. Es gibt keinen Weg, ihnen zu entrinnen. Alles, was wir tun können, ist das Erzeugen guter Gedanken, denn selbst die höchsten Mahâtmans sind nicht von dem karmischen Gesetz befreit, aber sie „bevölkern ihren Strom im Raum" mit Gedankenwesen, die machtvoll im Guten tätig sind.

Im *Kâma-loka* existiert nun die ganze Masse von Wünschen und Gedanken eines Menschen bis zum Ende ihrer Auflösung. Der Überrest besteht dann aus der Essenz dieser *Skandhas,* die natürlich aufs Innigste mit dem Menschen verbunden sind, der sie aus ihrer Latenz erweckt und benutzt hat. Sie können ebenso wenig vernichtet werden, wie wir das Universum auslöschen können. Aus diesem Grunde wird gelehrt, dass die *Skandhas* gleich schlafenden Samen warten, bis das reinkarnierende Ego wieder aus *Devachan* zurückkommt. Dem Gesetz der Anziehung folgend werden die *Skandhas* dann sofort wieder zu dem einstigen Menschen hingezogen, um in der neuen Inkarnation wieder zum Aufbau dienen zu können. *Kâma-loka* unterscheidet sich von der Erdregion dadurch, dass dort die Masse der Wünsche und Leidenschaften ohne unsere verantwortliche Kontrolle und Leitung tätig ist. Aber auch unser jetziges Erdenleben ist ein *Kâma-loka,* da es ja zum größten Teil noch vom *Kâma*-Prinzip beherrscht wird. Dies geschieht noch so lange, bis in ferner Zukunft die menschlichen Rassen im Lauf der Evolution das fünfte und das sechste Prinzip entfaltet haben. Dann wirkt *Kâma* zwar weiterhin dominant in seiner eigenen, vierten Region, doch unser Erdenleben wird von seinem Einfluss weniger stark betroffen sein.

Der astrale Mensch im *Kâma-loka* ist nichts weiter als eine bloße Hülse ohne Seele, ohne Gemüt und ohne Gewissen. Er hat kein eigenes Bewusstsein und ist auch unfähig zu handeln, sofern er nicht durch äußere Kräfte und Einflüsse belebt wird. Wenn überhaupt von einem Bewusstsein gesprochen werden kann, so gleicht es einem tierischen oder automatisch wirkenden Bewusstsein, das lediglich auf die einstige Verbindung mit dem menschlichen Ego zurückzuführen ist, die kurz zuvor durch den Tod getrennt worden war. Denn gemäß dem in einem früheren Kapitel dargelegten Gesetz hat jedes am Aufbau des Menschen beteiligte Lebensatom ein eigenes Erinnerungsvermögen, das entsprechend der ihm eingeprägten Kraft und Affinität eine Zeit lang selbstständig fortdauern kann. Im Fall einer sehr materialistischen, groben oder egoistischen Person hält diese Kraft länger an als in anderen Fällen. Daher wird sich das automatische Bewusstsein eines Verstorbenen, der sich während seiner Lebenszeit ohne die nötigen Kenntnisse mit Nekromantie oder Totenbeschwörung befasst hatte, viel bestimmter und verblüffender kundtun. Das rein astrale Register enthält die Erinnerung an alles, was der betreffenden Person zu Lebzeiten jemals begegnet war. Denn eine der Eigentümlichkeiten der Astralsubstanz besteht darin, dass sie alle Szenen und Bilder sowie alle Gedankeneindrücke absorbiert und behält und sie wieder ausstrahlt, wenn die Verhältnisse es gestatten. Diese von jedem Menschen beim Sterben abgeworfene Astralhülse wäre eine ernste Gefahr für alle Menschen, fehlten ihr nicht immer, außer in einem noch anzuführenden Fall, alle höheren, richtunggebenden Prinzipien. Da aber diese führenden Prinzipien von der Hülse getrennt sind, pendelt und flattert sie ohne einen eigenen Willen von Ort zu Ort und wird nur durch die Anziehung der magnetischen und astralen Felder geleitet.

Für den wirklichen Menschen, von manchen auch Geist genannt, ist es unmittelbar nach dem Tod möglich, sich vertrauten Zurückgebliebenen für einige kurze Augenblicke zu offenbaren. Sind diese aber vorbei, so hat die Seele bis zur nächsten Reinkarnation keine Verbindung mehr zur Erde. Das, was Sensitive und Medien aus der Astralregion heraus beeinflussen kann und es auch tut, sind die Schalen, die ich beschrieben habe. Seelenlos und ohne Bewusstsein, sind sie auf keinen

Fall die Geister unserer Verstorbenen. Sie sind die von dem inneren Menschen abgeworfene Hülse, der tierisch-irdische Teil, der auf dem Weg zum *Devachan* fallen gelassen wurde. In der Antike wurden sie stets als Teufel betrachtet – als unsere persönlichen Teufel –, weil sie ihrem Wesen nach astral, irdisch und leidenschaftlich sind. Es wäre tatsächlich befremdend, würde die Hülse, nachdem sie für so lange Zeit das Gewand des wirklichen Menschen auf Erden gewesen war, nicht eine Art automatisches Gedächtnis und Bewusstsein zurückbehalten. So ähnlich verhält es sich mit dem Körper eines Frosches oder Hahnes, dem der Kopf abgetrennt wurde, dessen Körper jedoch noch einige Zeit mit einer scheinbaren Intelligenz agiert. Warum sollte es dann für die feinere menschliche Astralform nicht möglich sein, mit einer viel stärkeren, automatisch wirkenden mentalen Fähigkeit zu handeln und sich zu bewegen?

In der *Kâma-loka*-Region, wie tatsächlich in allen Teilen der Erde und des Sonnensystems, existieren die Elementale oder Naturkräfte. Ebenso wie sie selbst sind ihre Erscheinungsformen zahllos und nahezu unbegrenzt, denn in einem gewissen Sinn sind sie die Nerven der Natur. Und ebenso wie jedes natürliche Element oder Wesen hat jede Klasse der Elementale ihre eigene Aufgabe. So, wie nach universalem Gesetz Feuer brennt und das Wasser abwärts läuft und nicht aufwärts, so handeln auch die Elementale rein gesetzmäßig. Da sie aber sozusagen die Geister der Elemente sind, die sich aus dem Feuer, der Luft, dem Wasser und der Erde entwickelt haben, so scheinen ihre Tätigkeiten von Intelligenzen geleitet zu werden. Manche haben eine besondere Beziehung zu mentalen Tätigkeiten oder zu denen der Astralorgane, ob diese nun an einen Körper gebunden sind oder nicht. Wenn ein Medium in spiritistischen Sitzungen als Kanal dient und andere natürliche Voraussetzungen gegeben sind, gehen die Elementale, unterstützt durch das Nervenfluidum des Mediums und anderer Anwesender, eine künstliche Verbindung mit der Hülse eines Verstorbenen ein, wodurch diese zu einem künstlichen Leben angeregt wird. Durch das Medium wird die Verbindung mit den physischen und psychischen Kräften aller Anwesenden hergestellt. Alte Eindrücke im

Astralkörper, der Hülse, werden nun als Bilder an das Gemüt des Mediums abgegeben, und die ehemaligen Leidenschaften werden aufs Neue entzündet. Daraufhin werden verschiedene Botschaften und Berichte von der Hülse erlangt, von denen jedoch keine einzige original, d. h. von dem einstigen wahren Menschen selbst ist, da die Hülse des Geistes, des höheren Gemütes und der physischen Sinne beraubt ist. Aufgrund ihrer Fremdartigkeit und infolge der Unwissenheit jener, die sich mit derartigen Praktiken befassen, werden diese Mitteilungen fälschlich dem einstigen Menschen zugeschrieben. Richtig ist aber, dass die Mitteilungen ohne Ausnahme von den anwesenden Sitzungsteilnehmern selbst kommen oder aus dem Astrallicht, in dem sich alles Vergangene widerspiegelt. In gewissen Fällen, die noch angeführt werden, ist eine Intelligenz am Werk, die ganz und gar übel ist und der jedes Medium unterliegt. Hierdurch lässt sich auch erklären, warum so viele Medien zu üblen Handlungen getrieben wurden, was sie am Ende ihrer Tätigkeit oder ihres Lebens ja selbst oft erklärt haben.

Es folgt eine kurze Einteilung der Hülsen, von denen die Medien aufgesucht werden:

1. Hülsen kürzlich Verstorbener, deren Begräbnisort sich in der Nähe befindet. Das Auftreten dieser Klasse hängt ganz von dem Leben und den Gedanken des früheren Besitzers ab. Eine nicht dem Materiellen verhaftete, eine gute und spirituelle Person hinterlässt eine Hülse, die bald zerfallen wird. Die Hülse einer rohen, gemeinen, selbstsüchtigen, materialistisch eingestellten Person ist hingegen schwer, festgefügt und langlebig, woraus sich viele Spielarten ergeben.

2. Hülsen von Personen, die in großer Entfernung vom Aufenthaltsort des Mediums gestorben sind. Die verstrichene Zeit erlaubt ihnen, der Nähe ihres alten Körpers zu entweichen, wodurch gleichzeitig eine größere Zersetzung in der Astralregion erzeugt wird, die der Verwesung des Körpers im Grabe entspricht. Diese Hülsen sind unbestimmt, nebelhaft und flatterhaft. Sie reagieren nur kurz auf den psychischen Reiz und werden durch magnetische Strömungen hinweggeführt. Die astralen Ströme des Mediums und der

Anwesenden, die mit dem Verstorbenen in Verbindung gestanden haben, können sie nur für einen Moment festhalten.

3. Hülsen, die nur noch schattenhafte Überreste sind und kaum klassifiziert werden können. In den westlichen Sprachen gibt es keine Bezeichnung für sie, dennoch existieren sie tatsächlich in der astralen Sphäre. Sie können als die bloße Form oder der in der Astralmaterie zurückgebliebene Abklatsch einer einst festgefügten, nun längst zerfallenen Hülse bezeichnet werden. Daher gleichen sie so sehr einer Täuschung, dass sie diesen Namen fast verdienen. Als schattenhafte Fotografien werden sie durch die Gedanken, Begierden, Hoffnungen und Einbildungen des Mediums und der Sitzungsteilnehmer verfestigt, ausgeschmückt und mit einem Scheinleben versehen.

4. Schließlich gibt es Menschen, die dem Pfad der Materie folgen, menschliche Seelen ohne spirituelle Verbindung. Sie bewegen sich auf *Avîchi* zu, den schlimmsten aller Zustände, der mit völliger Vernichtung der Persönlichkeit endet. Im Westen sind sie als Schwarzmagier bekannt. Da sie ihr Bewusstsein während des Lebens in das *Kâma*-Prinzip konzentriert haben, den Intellekt behielten und sich vom Geist trennten, sind sie die einzigen verdammten Wesen, die wir kennen. Auf Erden hatten sie einen menschlichen Körper, und sie erreichten ihren fürchterlichen Zustand nur durch fortgesetzte Leben, in denen sie das Üble um des Üblen willen taten. Einige von denen, die bereits dazu verdammt sind, den beschriebenen Weg zu gehen, befinden sich heute mitten unter uns. Sie sind keine gewöhnlichen Hülsen, denn sie haben ihre ganze Kraft im *Kâma* konzentriert. Sie haben jeden Funken eines guten Gedankens und jede höhergeistige Bestrebung verworfen und eine vollständige Meisterschaft über die niedere Astralebene erlangt. Ich zähle sie zur Klasse der Hülsen, weil sie zur *bewussten* Auflösung verurteilt sind – während die anderen Hülsen diesem Schicksal nur mechanisch entgegengehen. Ihr Dasein kann sich über viele Jahrhunderte erstrecken. Ihre Gelüste stillen sie durch jeden sensitiven Menschen, den sie erreichen können, wann immer

> üble Gedanken ihnen den Eintritt gestatten. Sie präsidieren bei fast allen spiritistischen Sitzungen unter hochklingenden Namen und führen ihre Sache so gut aus, dass sie stets die Oberhand behalten und das Medium nicht aus seinen Täuschungen herauskommen lassen. Dadurch schaffen sie sich einen bequemen Kanal für ihre üblen Zwecke und Absichten. Zusammen mit den Hülsen der Selbstmörder sowie jener armen Unglücklichen, die durch Gesetzgebung eines unnatürlichen Todes starben, und der reinen üblen Triebmenschen halten die Schwarzmagier aus der Astralwelt heraus die verderblichen Praktiken der Mediumschaft aufrecht. Sie sind fähig, in die Sphäre eines jeden auch noch so guten Mediums einzudringen. Wenn das Tor erst einmal geöffnet wird, ist es für alle offen. Diese Klasse der Hülsen hat das *höhere Manas* verloren. In dem Kampf zwischen dem Niederen und dem Höheren, der nicht nur nach dem Tod, sondern auch während des Lebens stattfindet, wurde der *niedere* Teil von *Manas,* der zu gottgleicher Herrlichkeit hätte emporgehoben werden sollen, von seinem Herrn abgetrennt. Und dieser niedere Teil verleiht der Hülse nun jene Intelligenz, die zwar frei von Geist ist, aber doch die Fähigkeit zu leiden beibehält, und Leid wird in einem schrecklichen Ausmaß eintreten, wenn ihr letzter Tag gekommen ist.

In dem Zustand von *Kâma-loka* verbringen Selbstmörder und jene, die durch ein Unglück, durch Mord oder den Henker plötzlich aus ihrem Körper getrieben werden, eine Zeit, die beinahe ebenso lang ist wie die Zeit, die ihnen ohne diese plötzliche Unterbrechung auf Erden beschieden gewesen wäre, denn sie sind nicht wirklich tot. Für das Einsetzen des normalen Todes muss ein Faktor mitwirken, der von Seiten der medizinischen Wissenschaft völlig übersehen wird: Die in anderen Kapiteln beschriebenen Prinzipien haben ihre eigene Zeit der Kohäsion, und erst am natürlichen Ende dieser Zeit trennen sie sich voneinander gemäß ihren eigenen Gesetzmäßigkeiten. Dies berührt das umfangreiche Thema der Kohäsivkräfte der menschlichen Wesenheit, über das allein ein Buch zu schreiben nötig wäre. Es mag daher genügen zu sagen, dass das Kohäsionsgesetz auch in den menschlichen Prinzipien wirkt. Vor Eintritt des natürlichen Lebensendes können sich die Prinzipien also nicht voneinander trennen, sodass die Zerstörung der kohäsiven Kraft – außer im physischen Körper – durch mechanische Mittel nicht herbeigeführt werden kann. Daher haben auch Selbstmörder, Unfallopfer, Ermordete oder nach dem Gesetz Hingerichtete das natürliche Ende der Kohäsion der anderen Teile ihrer Prinzipien noch nicht erreicht. Sie werden in die *Kâma-loka*-Region getrieben, obwohl sie nur teilweise tot sind. Dort müssen die übrigen Prinzipien verharren, bis das Ende der natürlichen Lebensdauer eingetreten ist, ob nun einen Monat oder sechzig Jahre lang.

Die vielen Abstufungen von *Kâma-loka* tragen den vielen verschiedenen Arten der letztgenannten Hülsen Rechnung. Einige verbringen ihre Zeit im *Kâma-loka* unter großen Leiden, andere in einem traumartigen Schlafzustand entsprechend ihrer moralischen Verantwortlichkeit in ihrem frühzeitig beendeten Leben. Hingerichtete Verbrecher verlassen ihr Leben in der Regel voller Hass und Rachsucht und krümmen sich unter einer Strafe, deren Gerechtigkeit sie nicht zugeben. Im *Kâma-loka* wiederholen sie ständig ihre Verbrechen, ihre Verurteilung, ihre Exekution sowie ihre Racheschwüre. Und wann immer sie mit einer lebenden sensitiven Person oder einem Medium in Berührung kommen können, versuchen sie Gedanken des Mordes und anderer Verbrechen in das Gehirn solcher Unglücklichen einzuflößen. Dass sie mit diesen Versuchen nur allzu oft Erfolg haben, ist leider noch viel zu wenig bekannt.

Wir haben uns nun *Devachan* genähert. Nach einem unterschiedlich langen Aufenthalt im *Kâma-loka* – der Periode, in der sich die vom Körper befreite höhere Natur von der niederen löst – fallen die Wesenheiten in einen Zustand des Nichtbewusstseins, der dem Wechsel in den nächsten Zustand vorausgeht. Es ist wie die Geburt in das Erdenleben, der eine Periode der Finsternis und des tiefen Schlafes vorausgeht. Dann aber erwacht das höhere Menschenwesen in den Freuden von *Devachan.*

13. Kapitel

Devachan

Nachdem ich gezeigt habe, dass sich jenseits der Schwelle des irdischen Lebens eine Region befindet, in der sich der höhere Teil des Menschen von seinen niederen und tierischen Elementen befreit hat, betrachten wir nun den Zustand des wahren, relativ unsterblichen Menschen nach dem Tode, der von einem Leben zum anderen wandert. Nach dem Losringen vom Körper geht der ganze Mensch in den *Kâma-loka,* in das „Fegefeuer", wo er sich erneut von den Fesseln losringt und sich nach und nach von den niederen *Skandhas* befreit. Ist diese Trennung und damit eine höhere Wiedergeburt beendet, beginnen die höheren Prinzipien *Âtma-Buddhi-Manas* in einer Weise zu denken, die sich sehr von der Art unterscheidet, die Körper und Gehirn auf Erden ermöglichten. Das ist der Zustand von *Devachan,* in dem die Seele höchste Glückseligkeit genießt. *Devachan* ist ein Sanskṛitwort, das wörtlich „Land der Götter" bedeutet. Da die Götter jedoch keine Körper wie wir hier auf Erden haben, ist das reinkarnierende Ego im *Devachan* auch ohne einen sterblichen Körper. In den archaischen Büchern wird gesagt, dieser Zustand könne „eine unendliche Zahl von Jahren" oder „eine im Verhältnis zum Verdienst der Wesenheit stehende Zeit-Dauer" anhalten. Wenn dann dieses Verdienst erschöpft ist, wenn die mentalen, diesem Zustand entsprechenden Energien erschöpft sind, „wird die Wesenheit wieder zur Geburt in die Welt der Sterblichen hinabgezogen". *Devachan* ist daher eine Pause, eine Erholung zwischen den Geburten auf Erden. Da das karmische Gesetz, das uns alle zum Eintritt in diese Welt zwingt, unaufhörlich tätig und universal wirksam ist, beeinflusst es die Wesenheit auch im *Devachan.* Denn nur durch die Wirkung oder Tätigkeit Karmans wird der Zustand im *Devachan* beendet. Karma gleicht dem Druck der Atmosphäre, der, kontinuierlich und gleichmäßig, alles hinaustreiben oder zermalmen wird, was ihm ausgesetzt ist, wenn nicht ein ausgleichender atmosphärischer Gegendruck existiert. Das Karma der Wesenheit ist, auf dieses Beispiel bezogen, die Atmosphäre, die sie stets von Region zu Region treibt. Die Gegenwirkung ist die Kraft ihrer eigenen Gedanken und Wünsche, die ihren Austritt aus *Devachan* so lange verhindert, bis sie erschöpft ist und keine Macht mehr besitzt, die Wesenheit noch länger der Auswirkung ihres selbstgeschaffenen irdischen Schicksals zu entziehen.

Die Notwendigkeit dieses Zustandes nach dem Tod ist eines der Erfordernisse der Evolution und ergibt sich aus den Bedürfnissen von Gemüt und Seele. Die hohe Natur von *Manas* verlangt nach einem devachanischen Zustand, sobald der Körper verlassen ist. Er tritt ein, wenn die Bande gelöst werden, mit denen die physische und die astrale Hülle *Manas* umschlungen halten. Im Leben können wir nur einen Bruchteil der Gedanken ausführen, die wir in jedem Augenblick haben, und noch viel weniger können wir die psychischen Energien erschöpfen, die wir durch unsere täglichen Wünsche und Träume erzeugen. Diese Energien gehen aber nicht verloren und werden nicht vernichtet, vielmehr bleiben sie in *Manas* aufgespeichert, weil Körper, Astralkörper und Gehirn die volle Entfaltung dieser Kräfte nicht ermöglichen. Die so bis zum Tode latent gebliebenen Energien brechen dann durch die zerfallenden Bande und Gefängnisse hervor und veranlassen *Manas,* den Denker, die im Leben aufgespeicherte Gedankenkraft zu entfalten, zu benutzen und zu entwickeln. Die Unmöglichkeit, diesem Zustand auszuweichen, beruht auf der Unwissenheit des Menschen hinsichtlich seiner eigenen Kräfte und Fähigkeiten. Aus dieser Unwissenheit entsteht Selbsttäuschung, und *Manas,* nicht gänzlich frei davon, wird durch seine eigenen Energien zu dem Gedankenleben in *Devachan* gezwungen. Auch wenn uns unser Karma zum Eintritt in diesen Zustand zwingt und ihm ursächlich zugrunde liegt, so ist der ganze Prozess doch hilfreich, ruhevoll und wohltuend. Denn würde der Durchschnittsmensch sofort nach seinem Tod in einen anderen Körper und in dieselbe, eben verlassene Zivilisation zurückkehren, wäre seine Seele völlig erschöpft und der nötigen Gelegenheit beraubt, auch den höheren Teil seiner Konstitution zu entfalten.

Da das Ego nun ohne den sterblichen Körper und ohne *Kâma* ist, bekleidet es sich im *Devachan* mit einer Hülle, die nicht als Körper bezeichnet werden kann. Sie kann eher als sein Träger oder als ein Hilfsmittel bezeichnet werden, in dem es während des Aufenthaltes im Devachan ausschließlich in den Gefilden der Seele und des Gemütes tätig ist. Für das Devachanwesen ist dann alles ebenso wirklich, wie es diese Welt für uns ist. Das Ego hat nun die Möglichkeit erlangt, sich seine eigene Welt aufzubauen, ohne die Fesseln des physischen Lebens. Sein Zustand mag mit dem eines Dichters oder Künstlers verglichen werden, die sich in ihrem Enthusiasmus weder um Zeit noch um die Angelegenheiten dieser Welt kümmern.

Wir erzeugen in jedem Augenblick neue Ursachen, für die es jedoch nur zwei Felder der Auswirkung gibt: das objektive Feld, wie diese Welt genannt wird, und das subjektive, das sowohl hier als auch nach dem Verlassen dieses Lebens existiert. Das objektive Feld bezieht sich auf das Erdenleben und den gröberen Teil des Menschen, auf seine körperlichen Tätigkeiten, seine niederen Gedanken und manchmal auch auf seinen Astralkörper. Das subjektive Feld hingegen umfasst den Bereich der höheren und spirituellen Prinzipien. Auf dem objektiven Feld können sich weder die psychischen Impulse vollständig auswirken noch die höheren Neigungen und das Sehnen der Seele. Daher sind diese höheren Aspirationen die Basis, die Ursache, der Keimboden sowie die stützenden Kräfte für den *Devachan*-Zustand. Wie lange währt nun die Zeit, die in *Devachan* verbracht wird, gemessen an unseren irdischen Jahren?

Auch wenn sich diese Frage mit der uns geläufigen Zeit beschäftigt, so berührt sie natürlich nicht den eigentlichen Kern der Zeit, das, was für unser Sonnensystem der tatsächliche Verlauf, die Aufeinanderfolge und die Länge von Momenten ist. Diese Frage lässt sich wohl in Bezug auf unsere Zeit beantworten, aber zum Beispiel nicht sicher in Bezug auf die Zeit des Planeten Merkur, wo die Zeit nicht dieselbe ist wie bei uns, und sicherlich auch nicht hinsichtlich eines Zeitmaßes, das von unserer Seele bzw. unserem Ego wahrgenommen wird. Jeder kann erkennen, dass er nach Ablauf einer Anzahl von Jahren keine direkte Vorstellung mehr von der wirklichen Länge der verstrichenen Zeit hat. Wir sind lediglich fähig, einige Vorfälle während dieses Zeitablaufs herauszugreifen. Im Hinblick auf besonders bittere oder glückliche Momente oder Stunden mag es uns erscheinen, als hätten wir sie erst vor kurzer Zeit erlebt. Und so geht es auch der Wesenheit im *Devachan,* sie hat keine zeitliche Vorstellung. Das reinkarnierende Ego genießt alle die Wohltaten, die in diesem Zustand in ihm selbst geschehen, es gibt sich keinen Grübeleien über die dahineilenden Momente hin, alles besteht nur aus Ereignissen – während für uns auf Erden der Zeitablauf von der Sonne abhängt. So können innerhalb eines Augenblicks Ereignisse, Bilder, Gedanken oder Gefühle in einer Innenschau in allen Einzelheiten über uns hereinbrechen oder zum Beispiel bei einem Ertrinkenden die Ereignisse eines ganzen Lebens blitzartig vor dem Auge seines Gemütes vorüberziehen und erfasst werden. Das reinkarnierende Ego, also die Triade, verbleibt im *Devachan* für eine Zeit-Dauer, die im genauen Verhältnis zu den im Leben erzeugten psychischen Impulsen steht. Da diese Impulse aber feinstofflicher Art sind und sich auf die Gesetzmäßigkeiten der Seele beziehen, kann niemand, außer einem Meister der Weisheit, sagen, wie lange diese Zeit-Dauer für den Durchschnittsmenschen unseres Jahrhunderts in jedem Land sein mag. Da sich die Menschen aber sehr voneinander unterscheiden und sie ihre Lebenszeit, die auch sehr unterschiedlich ist, in Gemütszuständen verbringen, deren Intensität und Dauer von ihren Gedanken abhängt, muss auch die Aufenthaltsdauer im *Devachan* entsprechend lang oder kurz sein. Gedanken haben im *Devachan* eine wesentlich größere Kraft, die sich natürlich immer nach der Wesenheit bemisst, die sie entwickelte.

Der Mahâtman sagt hierüber: „Der ‚*devachanische* Traum‘ dauert so lange, bis Karma in dieser Richtung befriedigt ist. Im *Devachan* erschöpfen sich die Kräfte nach und nach. Der Aufenthalt im *Devachan* steht im genauen Verhältnis zu den nicht erschöpften psychischen Impulsen, die im Erdenleben erzeugt wurden. Diejenigen, deren Handlungen überwiegend materialistisch ausgerichtet waren, werden durch die Kraft von *Taṇhâ* früher zur Wiedergeburt auf Erden hingezogen.“

Taṇhâ ist der Durst nach Leben. Hat ein Mensch in seinem Leben nur wenige höhergeistige Impulse entwickelt, wird er in seiner essenziellen Natur auch nur wenige Kräfte gespeichert haben, um seine höheren Prinzipien für eine längere Zeit im *Devachan* halten zu können. Alles, was der Devachanin dann haben wird, sind Gedanken aus seiner Kindheit, die er gedacht hatte, bevor er sich mittels seiner Gemütskraft auf die ganz alltäglichen, überwiegend materialistischen Dinge des Lebens festlegte. *Taṇhâ,* der Durst nach Leben, ist die anziehende oder magnetische Kraft, die das reinkarnierende Ego wieder ins Erdenleben zieht. Diese Kraft, die allen Wesenheiten innewohnt, wirkt in und durch deren *Skandhas,* woraus die karmischen Anziehungen entstehen. Eine exakt anzuwendende Durchschnittsregel für die Dauer im *Devachan* gibt es nicht, da die gesamte Wirkung Karmas dem allseitigen Ausgleich der Kräfte entspricht und das Ergebnis von Aktion und Reaktion ist. Ein stark materialistisch ausgerichteter Mensch mag schon nach einem Monat aus dem *Devachan* heraus in einen neuen Erdenkörper eintreten müssen, weil er nur die wenigen, in früher Jugend aufgespeicherten und unerschöpften psychischen Kräfte hatte, die im *Devachan* zur Auswirkung kommen konnten. Da sich aber jeder Mensch in Bezug auf Art, Stärke und Menge seiner Gedanken und seiner psychischen Impulse von anderen unterscheidet, wird auch die Dauer des Aufenthalts im *Devachan* unterschiedlich sein. Hoffnungslos materialistisch eingestellte Menschen werden den *Devachan*-Zustand sozusagen in einem betäubungs- oder schlafähnlichen Zustand verbringen, da sie in sich keine diesem Zustand entsprechenden Kräfte aufgespeichert haben, außer in einer schattenhaften und unbestimmten Art. Für sie wird tatsächlich wahr, dass sie, was *Manas* betrifft, keinen devachanischen Zustand nach dem Tode haben. Sie befinden sich für einige Zeit in einem betäubungsähnlichen Zustand. Ist dieser beendet, beginnen sie ein neues Erdenleben. Die angegebene durchschnittliche Länge für den Aufenthalt im *Devachan* ergibt auch die Länge eines sehr wichtigen menschlichen Zyklus, des Zyklus der Reinkarnation. Bei näherer Betrachtung wird ersichtlich, dass sich die nationale Entwicklung nach diesem Gesetz wiederholt und dass das Denken vergangener Zeiten wieder auftauchen wird.

Die letzten Gedanken, die sich dem Sterbenden tief eingeprägt haben, geben dem Zustand im *Devachan* Farbe und Richtung. Der letzte Augenblick wird jeden folgenden färben. Auf diese Gedanken fixieren sich Seele und Gemüt und weben aus ihnen eine ganze Reihe von Ereignissen und Erfahrungen, und zwar bis an die Grenze des Möglichen, wobei alles ausgeführt wird, was im Erdenleben nicht möglich war. Während nun die devachanische Wesenheit diese Gedanken weiter ausführt und ausspinnt, macht sie ihre Jugend und ihr Wachstum durch und wird alt dabei. Das heißt, ihre Kraft strömt aufwärts, breitet sich aus und lässt dann bis zur völligen Erschöpfung nach. Hat die betreffende Person ein farbloses Leben geführt, dann wird auch ihr Leben im *Devachan* farblos sein. War es aber ein reiches Erdenleben, so wird auch der *devachanische* Zustand reich an Wechsel und Wirkung sein. Die Existenz im *Devachan* ist kein Traum. Sie ist es höchstens in einem herkömmlichen Sinn, denn sie ist eine Etappe im Leben des wahren Menschen, und wenn wir dort sind, ist für uns dieses Erdenleben ein Traum. Auf keinen Fall ist der *devachanische* Zustand eintönig. Wir sind zu sehr geneigt, alle möglichen Stadien des Lebens und alle Orte, an denen wir Erfahrungen gesammelt haben, an unseren irdischen Verhältnissen zu messen und sie für *die* Wirklichkeit zu halten. Aber das Leben des Egos und seiner Seele ist endlos, es kann für keinen Augenblick angehalten werden. Das Verlassen unseres Körpers ist nur der Übergang in eine andere Region oder in eine andere Sphäre des Lebens. Da aber die ätherischen Gewänder *Devachans* dauerhafter sind als unsere irdischen, benötigen die spirituellen, ethischen und psychischen Ursachen in jenem Zustand mehr Zeit zu ihrer Ausdehnung und Erschöpfung als hier auf Erden. Wären die den physischen Körper aufbauenden Moleküle nicht den allgemeinen chemischen Gesetzen unterworfen, die die physische Erde beherrschen, könnten wir auch in diesen Erdenkörpern so lange leben wie im devachanischen Zustand. Ein so langes Leben mit seinen endlosen Kämpfen und Leiden würde jedoch ausreichen, um unsere Seele völlig zu erschöpfen. So würden dann Vergnügen in Schmerz und Übersättigung in nie endende Bewusstseinstrübung übergehen. Die immer gütige Natur führt uns jedoch zur rechten Zeit in einen

Hafen der Ruhe, damit das Beste und Höchste in unseren Naturen aufblühen kann.

Devachan ist also weder sinnlos noch nutzlos. „In ihm ruhen wir uns aus. Der Teil von uns, der unter dem kalten Himmel des Erdenlebens nicht blühen konnte, bricht nun zur Blüte hervor. Und wenn er dann mit uns zum Erdenleben zurückkehrt, ist er stärker und mehr ein Teil unserer Natur als zuvor. Warum sollten wir bedauern, dass die Natur uns in dem endlosen Kampf gütig beisteht, warum soll sich unser Gemüt nur aufgrund ihres guten oder schlechten Schicksals um die gegenwärtige armselige Persönlichkeit drehen?" (aus einem Brief von Mahâtma K. H. in *The Path,* Band V, S. 191).

Die Frage, ob wir unsere Hinterbliebenen im *Devachan* wiedersehen, wird des Öfteren gestellt. Wir sehen sie im *Devachan* nicht wirklich, aber wir machen uns ein Bild von ihnen, das so lebhaft, vollständig und objektiv ist wie im Leben, dabei ist es jedoch frei von allem, was uns früher tadelnswert erschien. Wir leben mit ihnen und sehen sie edel und gut anstatt gemein und böse. Die Mutter, die einen Sohn als Alkoholiker zurückgelassen hat, sieht ihn im *Devachan* als einen nüchternen, guten Menschen, und gleicherweise verhält es sich in allen anderen möglichen Fällen. Eltern, Kinder, Ehemann und Ehefrau sehen ihre Lieben dort vollendet und voller Erkenntnis, und das geschieht zum Wohl der Seele. Man mag es eine Täuschung nennen, aber diese Illusion ist für das Glück des Devachanin nötig, wie sie es auch oft im Erdenleben ist. Und da das Gemüt selbst die Illusion hervorruft, ist es kein Betrug. Die Vorstellung von einem Himmel, der über dem Abgrund der Hölle erbaut ist, in der irrende Menschen ewige Höllenqualen leiden, ist nicht mit der wahren Lehre von *Devachan* vergleichbar, da es keine ewigen Höllenqualen gibt. Zudem sind die Wesenheiten im *Devachan* nicht ganz ohne die Möglichkeit, denen zu helfen, die sie auf Erden zurückgelassen haben. Liebe, die Meisterin des Lebens, wenn sie echt, rein und tief ist, kann das glückliche Ego im *Devachan* veranlassen, die auf Erden Zurückgebliebenen nicht nur in ethischer Hinsicht zu ihrem Wohlergehen zu beeinflussen, sondern auch in ihren materiellen Verhältnissen. Dies ist möglich aufgrund eines okkulten Gesetzes, das im gesamten Universum wirksam ist, hier aber nicht ausführlicher erklärt werden kann; doch mag die Tatsache immerhin erwähnt werden. Diese Lehre wurde schon früher von H. P. Blavatsky bekanntgegeben, ohne jedoch viel Aufmerksamkeit erregt zu haben.

Die letzte zu untersuchende Frage ist, ob wir von der Erde aus die Egos im *Devachan* erreichen können oder ob sie zu uns kommen. Nein, wir können sie weder erreichen noch beeinflussen, es sei denn, wir sind Adepten. Die Behauptung der Medien, sie hätten Kontakt mit den Geistern Verstorbener, entbehrt jeder Grundlage. Noch weniger Anspruch auf Wahrheit hat die Behauptung, sie seien fähig, denen zu helfen, die ins *Devachan* gegangen sind. Ein Mahâtman hingegen, dessen Fähigkeiten und Kräfte voll entfaltet sind und der frei von Illusion ist, kann in den devachanischen Zustand eintreten und mit den dort befindlichen Egos in Kontakt treten. Dies ist eine seiner Aufgaben, und hierauf beruht die einzige „Schule der Apostel" nach dem Tod. Er bemüht sich um gewisse Egos im *Devachan,* um sie zu bewegen, den dortigen Zustand zu verlassen und zum Wohle der Menschen auf die Erde zurückzukehren. Diese Egos haben starke und tiefgehende Charaktere, sind aber noch nicht weise genug, um die natürlichen Illusionen des *Devachan* aus eigener Kraft zu überwinden. Zwischen dem Bewusstseinszustand im *Devachan* und demjenigen hier auf Erden klafft ein so großer und tiefer Abgrund, dass unter normalen Umständen ein Austausch nicht möglich ist. Die Kluft gleicht jener, die *Devachan* von der Wiedergeburt trennt, denn alle Erinnerungen an das, was vorherging, sind ausgetilgt.

Wenn die devachanische Periode, die durch die aufgespeicherten Kräfte der Seele bedingt war, beendet ist, beginnen die das Ego mit der Erde verbindenden magnetischen Fäden *(Skandhas)* ihre Anziehungskräfte zu aktivieren. Das Ego erwacht aus seinem devachanischen Traum und wird zu einem neuen Körper hingezogen. Kurz vor der Geburt sieht es für einen Moment alle Ursachen, die es ins *Devachan* und dann wieder zurück zu diesem neuen Erdenleben geführt haben. Auf diese Weise erkennt das Ego, dass alles, was ihm widerfahren ist, gerecht und das Resultat seines eigenen vergangenen Lebens ist. So weigert es sich nicht und nimmt das Kreuz erneut auf sich – und wieder ist ein Ego zur Erde zurückgekehrt.

14. Kapitel

Zyklen

Die Lehre von den Zyklen ist eine der wichtigsten Lehren im theosophischen System, obwohl sie am wenigsten bekannt ist und am seltensten Bezug auf sie genommen wird. Westliche Forscher vermuten seit einigen Jahrhunderten, dass sich die Ereignisse in Zyklen bewegen. Auch einige Schriftsteller im Bereich der europäischen Literatur haben, wenn auch nur sehr unvollständig, über dieses Thema geschrieben. Diese Unvollständigkeit und der Mangel an genauer Kenntnis resultieren aus der fehlenden Einsicht, dass es hinter unserer äußeren Erscheinungswelt ein Noumenon, eine spirituelle, verursachende Seite gibt. Hierin liegt der Grund, warum die heutige Wissenschaft überwiegend materialistisch geprägt ist. Auch ich gebe nicht vor, das Gesetz der Zyklen erschöpfend darzustellen, denn es wurde von den Mahâtmans nicht in allen Einzelheiten veröffentlicht. Es wurde jedoch genug bekannt gegeben, und vieles war den Alten seit Langem bekannt, sodass unser jetziges Wissen sehr umfangreich ist.

Ein Zyklus ist ein Kreis, ein Umlauf, eine Umdrehung oder eine Periode, wie aus der Ableitung des Wortes hervorgeht. Mit anderen Worten: Zyklen beschreiben die sich wiederholenden Vorgänge in der Natur. Die entsprechenden Sanskṛit-Worte sind *Yuga, Kalpa* und *Manvantara. Yuga* steht dem Ausdruck Zyklus am nächsten, da seine Dauer kürzer ist als die der beiden anderen. Der Anfang eines Zyklus muss ein Moment sein, der, zu anderen Momenten gezählt, zum Beispiel einen Tag ergibt. Die Tage ergeben, zusammengenommen, Monate, Jahre, Jahrzehnte und Jahrhunderte. Darüber geht die westliche Zeitrechnung kaum hinaus. Sie kennt den Mondzyklus und den großen siderischen Zyklus, sieht aber in beiden wie in den anderen Zyklen nur normale Zeitperioden. Betrachten wir sie jedoch nur als Zeiteinteilungen, dann ergibt sich hieraus außer für rationell denkende Gelehrte und Astronomen kein Gewinn. In dieser Weise werden sie heute von amerikanischen und europäischen Denkern betrachtet. Ihrer Ansicht nach existieren die Zyklen zwar, haben jedoch keine besondere Beziehung zum menschlichen Leben. Auch haben Zyklen in ihren Augen keinen Einfluss auf die tatsächliche Wiederkehr von Ereignissen oder das Wiedererscheinen von Menschen auf der Lebensbühne, die bereits einmal auf Erden gelebt haben. Die theosophische Lehre besagt genau das Gegenteil, wie auch zu erwarten ist, da sie die bereits recht ausführlich dargestellte Lehre von der Reinkarnation vertritt. Die genannten Zyklen sind nicht allein physikalische Tatsachen hinsichtlich der Zeit. Wie auch andere Perioden üben sie eine sehr große Wirkung auf das menschliche Leben aus sowie auf die Evolution unserer Erde einschließlich aller Lebewesen, die sie bewohnen. Mit dem ersten Moment beginnend, wird jeder Zyklus, gleich welcher Art, zu einem Ring oder Kreis, dessen Grenzen alles umschließen. Da der erste Moment die Basis ist, so ergibt sich hinsichtlich der großen Zyklen die Frage: Wann war der erste Moment? Hierauf kann keine Antwort gegeben werden, es kann jedoch gesagt werden, dass, nach überlieferter Ansicht, im ersten Moment der Verhärtung unserer Erde die Masse der zu diesem Zeitpunkt bereitstehenden Materie eine gewisse und bestimmte Schwingungsrate erlangte, die während aller Veränderungen in jedem ihrer Teile andauern wird, bis die Stunde der Auflösung kommt. Diese Schwingungsraten sind es, die den Unterschied der verschiedenen Zyklen bedingen, und entgegen westlichen Anschauungen besagt die Lehre, dass unser Sonnensystem und unser Erdglobus zu einem Ende kommen werden, wenn die Kraft, die hinter der ganzen Masse der sichtbaren und unsichtbaren Materie steht, ihr gemäß dem Gesetz der Zyklen bestimmtes Ende erreicht haben wird. Hier unterscheidet sich die theosophische Lehre wiederum von der religiösen und der wissenschaftlichen Anschauung. Sie stimmt nicht damit überein, dass das Ende der Kraft darauf zurückzuführen sei, dass ein Gott seinen Schutz zurückziehe oder plötzlich eine andere Kraft gegen den Erdball schleudere. Die Lehre besagt vielmehr, dass die in Wirkung befindliche und den Charakter des großen Zyklus bedingende Kraft von den Menschen, als spirituelle Wesen betrachtet, selbst ausgeht. Wenn ihre Arbeit auf unserem Erdglobus beendet ist, dann verlassen sie ihn, und mit ihnen schwindet auch die Kraft, die alles zusammenhielt. Die Folge ist Auflösung durch Feuer, Wasser oder andere Kataklysmen, doch diese Phänomene sind lediglich Wirkungen, nicht jedoch ihre Ursachen. Verschiedene wissenschaftliche Hypothesen sagen voraus, dass die Erde in die Sonne fallen werde, ein dichter Komet den Erdball zerschmettern könne oder wir mit einem größeren bekannten oder unbekannten Planeten zusammenstoßen könnten. Derartige Spekulationen sind gegenwärtig überflüssig.

Da Reinkarnation das große Gesetz des Lebens und des Fortschritts ist, ist sie auch mit dem Gesetz der Zyklen und mit Karman verknüpft. Diese drei wirken zusammen, und in der Praxis ist es nahezu unmöglich, Reinkarnation von dem Gesetz der Zyklen zu trennen. Individuen und Nationen kehren in regelmäßig wiederkehrenden Perioden in geschlossenen Strömen zur Erde zurück. Sie bringen dann auch die Künste, die Zivilisationen, ja sogar die gleichen Menschen, die früher hier gemeinschaftlich tätig waren, zur Erde zurück. Und da die Individuen einer Rasse oder Nation durch unsichtbare, aber starke Bande miteinander verbunden sind, bewegen sich große Massen von ihnen langsam, aber sicher aufeinander zu. Sie vereinigen sich zu verschiedenen Zeiten und treten im Laufe der vorgegebenen Runden und abrollenden Zyklen immer wieder als neue Rassen oder Zivilisationen auf. Daher werden auch jene Egos, die die ältesten Zivilisationen gebildet haben, zurückkommen und ihre Ideen und Wesensarten jener alten Zeit mitbringen. Zusammen mit dem, was Individuen anderer Kulturepochen für die Entwicklung der menschlichen Rasse, ihre Charakterbildung und für ihr Wissen getan haben, bringen sie einen neuen und höheren Zustand der Zivilisation hervor. Diese neue und weiter fortgeschrittene Entwicklung wird nicht aus Büchern, Künsten, Aufzeichnungen oder Techniken hervorgehen, denn derartige Errungenschaften werden – soweit sie von Archäologen nachweisbar sind – periodisch zerstört. Verantwortlich für den Fortschritt ist vielmehr das Ego mittels seiner Seele selbst, das das einmal erlangte Wissen im *Manas* aufspeichert und die höheren Prinzipien und Kräfte stets zu immer vollkommenerer Entwicklung antreibt. So bleibt das

Wesentliche des Fortschritts erhalten und wird so sicher wieder zu Tage treten, wie die Sonne scheint. Und entlang dieser Hochstraße befinden sich jene Zeitabschnitte, in denen die großen und kleinen Zyklen der Avatâras zum Wohl der Menschheit die großen Charaktere hervorbringen, die der Rasse von Zeit zu Zeit neue Impulse geben.

Zyklen der Avatâras schließen verschiedene kleinere Zyklen in sich. Die größeren sind jene, die bei den Hindus mit dem Erscheinen von Râma und Kṛishṇa einsetzten, bei den Ägyptern mit Menes, bei den Persern mit Zoroaster sowie bei den Hindus und anderen Nationen im Osten mit Buddha. Buddha ist der letzte der großen Avatâras, er hat einen größeren Zyklus eröffnet als Jesus bei den Juden. Essenziell lehrte Jesus das Gleiche wie Buddha, denn seine Lehren sind von denen gefärbt, die Buddha seinen Schülern gelehrt hatte, die dann ihrerseits Jesus unterrichteten. Ein weiterer großer Avatâra, der Buddha und Kṛishṇa in sich vereint, wird noch kommen. Kṛishṇa und Râma gehörten zur militärischen, bürgerlichen, religiösen und okkulten Klasse; Buddha zur ethischen, religiösen und mystischen Klasse, in die ihm Jesus folgte. Andere, sehr unterschiedliche Charaktere, die auf ihre Nationen großen Einfluss ausübten, können in kleinere Zyklen eingereiht werden: König Artus, Pharao, Moses, Karl der Große, Napoleon Bonaparte, Chlodwig von Frankreich, Kaiser Friedrich III. von Deutschland und Washington, erster Präsident der Vereinigten Staaten, wo jetzt die Wurzel für die neue (sechste Unter-) Rasse gebildet wird.

Wenn sich die großen Zyklen schneiden, treten dynamische Wirkungen in Erscheinung. Sie verändern die Oberfläche des Planeten infolge der Verschiebung der Erdachse oder anderer Umwälzungen. Diese Theorie mag nicht überall Anerkennung finden, aber wir halten sie für zutreffend. Der Mensch ist ein großer Dynamo, der Energie erzeugt, aufspeichert und ausstrahlt. Wenn nun Massen von Menschen, die eine Rasse bilden, auf diese Weise Energie erzeugen und verteilen, dann ist die Wirkung auf das Material des Erdballs mächtig genug, um Kataklysmen und andere sehr wahrnehmbare Störungen zu erzeugen. Dass sich im Erdinnern bereits ungeheure und furchtbare

Katastrophen abgespielt haben, wird von allen Seiten bestätigt und bedarf keiner Beweise. Diese Katastrophen entstanden, geologisch gesehen, durch Erdbeben und die Bildung von Eisformationen. Hinsichtlich der tierischen Entwicklung bedingt das Gesetz der Zyklen jedoch, dass bestimmte jetzt ausgestorbene tierische Formen und auch gewisse menschliche – von denen man wohl etwas ahnt, aber nichts weiß – mit ihrem eigenen Zyklus zurückkehren. Auch bestimmte, nun als tot bezeichnete Sprachen werden zu ihrer zyklisch bedingten Zeit wieder in Gebrauch kommen.

Aber auch andere Zyklen wirken sich sowohl kosmisch als auch irdisch aus. So ist zum Beispiel der metonische Zyklus* ein Zyklus des Mondes. Er umfasst einen Zeitraum von etwa neunzehn Jahren, nach deren Ablauf Neumond und Vollmond wieder auf die gleichen Monatstage fallen.

Ein Zyklus der Sonne ist eine Periode von 28 Jahren, nach deren Ablauf die Namen der Sonntage im Julianischen Kalender** wieder beim gleichen Datum stehen und in derselben Folge weiter ablaufen wie zuvor.

Das große siderische Jahr ist die Periode, die die Äquinoktialpunkte bei ihrer Präzession für einen vollen Himmelsumlauf benötigen. Es dauert etwa 25 868 Sonnenjahre. Es heißt, dass das letzte siderische Jahr vor etwa 9 868 Jahren endete.*** Zu dieser Zeit müssen sich auf Erden eine oder mehrere heftige Konvulsionen und Völkerwanderungen ereignet haben. Die Vollendung dieser großen Periode bringt die Erde in andere Regionen des Kosmos, nicht aufgrund ihrer eigenen Kreisläufe, sondern durch den tatsächlichen Umlauf der Sonne um ihre eigene Sonne, die zwar noch nicht festgestellt wurde, jedoch in einer der Konstellationen vermutet wird.

---

* Benannt nach dem altgriechischen Mathematiker Meton von Athen, 5. Jh. v. Chr. (d. Ü.).

** Der von Julius Cäsar (100 – 44 v. Chr.) eingeführte Kalender (d. Ü.).

*** Also etwa 8 000 v. Chr. (d. Ü.).

Ganz besonders berühren uns Menschen die spirituell, psychisch und ethisch geprägten Zyklen, aus denen die nationalen, rassischen und individuellen Zyklen erwachsen. Die rassisch und national geprägten Zyklen sind historisch. Ein wichtiger individueller Zyklus ist der der Reinkarnation. Die Länge des Reinkarnationszyklus beträgt für die große Masse der Menschen durchschnittlich 1 500 Jahre, und diese wiederum ergeben einen großen historischen Zyklus, der eng mit dem kulturellen Fortschritt verbunden ist. Denn wenn Massen von Menschen aus dem *Devachan* zurückkommen, so ergibt sich zwangsläufig, dass die Römer, die Griechen, die alten Arier und andere Nationen des Altertums wieder auftreten und vielfach an ihren Eigentümlichkeiten deutlich erkannt werden können. Aber der Mensch wird auch durch astronomische Zyklen beeinflusst, weil er ein integraler Teil des Ganzen ist. Diese Zyklen bezeichnen die Perioden, in denen die Menschheit als Ganzes einem Wechsel unterworfen ist. In den heiligen Büchern aller Nationen werden diese Zyklen oft erwähnt, auch in der Bibel der Christen, wie zum Beispiel in der Erzählung von Jonas im Bauch des Walfisches. Historisch gesehen ist sie eine Absurdität, aber durchaus nicht als astronomischer Zyklus. „Jonas" befindet sich in den Konstellationen, und wenn der astronomische Punkt, der den Menschen repräsentiert, einen Punkt im Zodiak erreicht, der dem Bauch des Cetus oder des Walfischs auf der anderen Seite des Kreises direkt gegenübersteht, sich also in Opposition befindet, dann heißt es, dass Jonas sich im Zentrum des Fisches befindet und dass er am Ende der Periode „ausgeworfen" wird, wenn der Menschenpunkt im Zodiak so weit fortgewandert ist, dass er sich außerhalb der Opposition zum Walfisch befindet. Und indem sich dieser Punkt durch den Zodiak bewegt, tritt er im Laufe der Jahrhunderte in Opposition zu den verschiedenen Konstellationen. Während seines Fortschreitens treten unter den Menschen und auf der Erde Veränderungen auf, die durch die betreffenden Konstellationen genau angegeben werden, sofern sie nach den wahren Regeln der Symbolik gelesen werden. Es wird nicht behauptet, dass die Konjunktionen diese Wirkungen verursachen, vielmehr haben vor vielen Zeitaltern die Meister der Weisheit alle Kernfragen in Bezug auf den Menschen erforscht und am

Himmelsgewölbe jene Merkmale gefunden, mit deren Kenntnis die genauen Daten abgelesen werden können, an denen Ereignisse bestimmter Natur eintreten würden; und so prägten sie dann den Gemütern der älteren Nationen die Symbolik des Zodiak ein. Auf diese Weise wurden die Aufzeichnungen und Prophezeiungen aufbewahrt. So wie der Uhrmacher die Zeit angeben kann, wenn der Uhrzeiger, vom Uhrwerk angetrieben, eine bestimmte Stellung erreicht, so können auch die Weisen an der Zodiakaluhr die Stunde für den Eintritt bestimmter Ereignisse ablesen. Dies wird heutzutage natürlich nicht für möglich gehalten, in den kommenden Jahrhunderten wird es jedoch gut verstanden werden, und da alle Nationen der Erde fast die gleichen Zeichen für die Konstellationen des Zodiak haben und auch die geschichtlichen Aufzeichnungen lange ausgestorbener Nationen dieselben Zeichen aufweisen, so ist es kaum wahrscheinlich, dass der Zerstörungsgeist dieses Jahrhunderts dieses wertvolle Erbe aus unserer Evolution vernichten kann. In Ägypten erzählt uns der Tierkreis von Dendera die gleiche Geschichte, die uns auch die alten Zivilisationen des amerikanischen Kontinents hinterlassen haben. Alle stammen aus derselben Quelle. Sie sind das Werk der Weisen, die zu Beginn des großen menschlichen Zyklus kommen und dem Menschen – wenn er den schwierigen Aufstieg auf dem Weg seiner Entwicklung antritt – die großen astronomischen Symbole und Ideen übergeben, die alle Zeiten und Zyklen überdauern.

Die großen Kataklysmen, die am Anfang und am Ende der großen Zyklen eintreten, werden vor allem durch die Wirkung der Hauptgesetze Karman und Reinkarnation gemäß zyklischer Gesetzmäßigkeit eingeleitet. Nicht nur der Mensch wird durch diese Gesetze beherrscht, sondern ebenso auch alle Materie bis hin zum letzten Atom, und so ist die Masse der Materie zugleich mit dem Menschen ständig der Veränderung unterworfen. Die Materie muss daher Veränderungen aufweisen, die denen entsprechen, durch die der Mensch als Denker geht. Auf der physischen Ebene werden die Wirkungen durch elektrische und andere Fluida erzeugt, die zusammen mit den Gasen auf die festen Massen der Erde einwirken. Während des Wechsels eines großen Zyklus erreichen sie sozusagen den Explosionspunkt und verursachen heftige Kataklysmen der folgenden Arten: a) Erdbeben, b) Überschwemmungen, c) Weltenfeuer, d) Eiszeiten.

a) Erdbeben können aus zweierlei Ursachen entstehen: *erstens* durch Senkungen oder Hebungen von Landmassen unter der Erdoberfläche aufgrund von Dampf oder Hitze; *zweitens* durch elektrische und magnetische Veränderungen, die Wasser und Erde gleichzeitig beeinflussen. Letztere haben die Kraft, die Erde augenblicklich zu verflüssigen, wobei der Schmelzprozess übersprungen wird und ungeheure und heftige Verschiebungen in großen und kleinen Wellen verursacht werden. Diese Auswirkung wird auch heute in manchen Erdbebengebieten beobachtet, sofern ähnliche elektrische Ursachen in geringerem Ausmaß wirksam sind.

b) Überschwemmungen großen Ausmaßes werden verursacht, wenn durch das Versinken oder Emportauchen von Landmassen Wasser verdrängt wird, auch können durch elektrische Störungen ungeheure Wassermengen freigesetzt werden. Hierbei handelt es sich nicht um bloße Wolkenbrüche, sondern um das plötzliche und rasche Verwandeln großer Mengen von flüssigen und festen Stoffen in Wasser.

c) Weltenfeuer entstehen durch elektrische und magnetische Veränderungen in der Atmosphäre, durch die der Luft die Feuchtigkeit entzogen wird, sodass sie sich in ein Feuermeer verwandelt. Eine weitere Ursache ist die plötzliche Ausdehnung des solaren magnetischen Zentrums in sieben solche Zentren, die den gesamten Erdball verbrennen.

d) Eiskataklysmen sind nicht nur auf eine plötzliche Veränderung der Stellung der Erdachse zurückzuführen, sondern auch auf sinkende Temperaturen, die durch eine Veränderung der Meeresströmungen und der heißen magnetischen Strömungen der Erde verursacht werden. Erstere Ursache ist der Wissenschaft bekannt, letztere aber noch nicht. Die Feuchtigkeit der unteren Luftschichten gefriert plötzlich, und große Flächen Landes werden in einer Nacht mit dicken Eisschichten bedeckt. Dies kann sich leicht auf den Britischen Inseln ereignen, wenn der warme Golfstrom von ihren Küsten abgelenkt wird.

Sowohl die Ägypter als auch die Griechen hatten ihre Zyklen, die sie unserer Ansicht nach jedoch von den indischen Weisen übernommen haben. Die Chinesen waren immer eine Nation von Astronomen. Sie haben Beobachtungen aufgezeichnet, die bis weit vor den Beginn der christlichen Ära zurückreichen. Da sie aber einer anderen Rasse angehören, treffen ihre Schlussfolgerungen für die arischen Rassen nicht zu. Mit Eintritt der christlichen Ära fiel eine dichte Finsternis auf die Gemüter der Menschen im Westen, und Indien blieb für viele Jahrhunderte isoliert, wodurch jene großen Erkenntnisse während der mentalen Nacht Europas aufbewahrt wurden. Da es sich um reine Pedanterie und Spekulation handeln würde, wenn ich die unbekannten Zyklen der Ägypter, wie zum Beispiel Saros, Naros und andere, besprechen wollte, lasse ich hier nur die brâhmaṇischen Zyklen folgen, weil sie mit den richtigen Perioden fast genau übereinstimmen.

Eine Periode oder Offenbarung der universalen Manifestation wird auch ein *Mahâ-Kalpa* genannt, ein volles Leben von Brahmâ, und dieses Leben Brahmâs setzt sich aus seinen Tagen und Jahren zusammen, die kosmisch und daher von ungeheurer Dauer sind. Brahmâs Tag hat wie der des Menschen 24 Stunden, sein Jahr 360 Tage, und die Zahl seiner göttlichen Lebensjahre ist 100.

Wenden wir uns nun unserem Erdplaneten zu, da wir es zurzeit mit keinem anderen direkt zu tun haben. Seine Regierung und Evolution geht unter *Manu* oder *Mensch* vor sich. Von *Manu* ist die Bezeichnung „*Manvantara*" oder „zwischen zwei *Manus*" abgeleitet. Der Verlauf der Evolution unterteilt sich für jede Rasse in vier *Yugas* mit den ihnen entsprechenden Zeiten und Eigenheiten. Diese *Yugas* beeinflussen nicht die gesamte Menschheit zu gleicher Zeit. So kann sich zum Beispiel eine Rasse im ersten *Yuga* befinden, während eine andere einem viel späteren Zyklus folgt. Diese vier *Yugas* sind: *Kṛita-* oder *Satya-Yuga,* das goldene Zeitalter, *Tretâ-Yuga, Dvâpara-Yuga* und *Kali-Yuga,* das schwarze Zeitalter. Das gegenwärtige Zeitalter für Indien und für den Westen ist das *Kali-Yuga,* besonders hinsichtlich der moralischen und

	Erden-Jahre
360 Erdentage ergeben	1
Kṛita-Yuga hat	1 728 000
Tretâ-Yuga hat	1 296 000
Dvâpara-Yuga hat	864 000
Kali-Yuga hat	432 000
Mahâ-Yuga oder die 4 vorhergehenden zusammen ergeben	4 320 000
71 *Mahâ-Yugas* bilden die Regierungszeit eines Manu oder	306 720 000
14 *Manu*-Perioden sind	4 294 080 000
Dazu die Morgen- und Abenddämmerungen für jeden *Manu*	25 920 000
Diese Regierungen und Dämmerungen ergeben 1 000 *Mahâ-Yugas,* ein *Kalpa* oder einen Tag *Brahmâs*	4 320 000 000
Brahmâs Nacht ist ebenso lang, folglich ergeben 1 Tag und 1 Nacht zusammen	8 640 000 000
360 dieser göttlichen Tage ergeben ein Jahr von *Brahmâ*	3 110 400 000 000
100 dieser göttlichen Jahre bilden *Brahmâs* Leben (oder das Leben des universalen Systems), ein Mahâ-Kalpa	311 040 000 000 000

spirituellen Entwicklung. Das erste dieser *Yugas* hat einen langsamen Verlauf im Vergleich zu den anderen, und das gegenwärtige *Kali-Yuga* ist sehr schnell. Seine Bewegung wird geradeso beschleunigt wie gewisse astronomische Perioden, die heute in Bezug auf den Mond zwar bekannt sind, aber nicht vollständig verstanden werden.

Die ersten 5 000 Jahre des *Kali-Yuga* endeten zwischen den Jahren 1897 und 1898. Dieses *Yuga* begann ca. 3 102 Jahre vor der christlichen Ära mit Kṛishṇas Tod. Da uns die Jahre 1897 und 1898 kurz bevorstehen (geschrieben 1893, d. Ü.), werden heutige Wissenschaftler Gelegenheit bekommen zu beobachten, ob das Ende des 5 000-Jahr-Zyklus von irgendwelchen Umwälzungen oder großen politischen, wissenschaftlichen oder physikalischen Veränderungen oder von einer Kombination aller dieser Erscheinungen begleitet sein wird.

Zyklische Veränderungen vollziehen sich jetzt und in naher Zukunft, da Jahr für Jahr Egos aus früheren Zivilisationen in dieser Periode inkarnieren, in der die Freiheit des Denkens und Handelns im Westen nicht mehr so gehemmt wird wie in der Vergangenheit, in der Dogmen, religiöse Vorurteile und Fanatismus alles zu erdrücken versuchten. Zum gegenwärtigen Zeitpunkt leben wir in einer Übergangsperiode, in der sich, wie der Name schon andeutet, alles ändert, was Philosophie, Religion und Gesellschaft betrifft. In einer solchen Übergangsperiode werden die vollständigen Zahlen und Regeln der Zyklen nicht bekanntgegeben, vor allem nicht einer Generation, die Geld und Gut über alles Denken hinaus wertet und die für spirituelle Anschauungen über Mensch und Natur nur Spott und Hohn übrig hat.

15. Kapitel

Die Trennung der Arten – Das fehlende Glied (missing link)

Zwischen der Wissenschaft und der Theosophie besteht ein großer, bis heute nicht überbrückter Gegensatz in der Auffassung vom Ursprung des Menschen und der Abstammung der Arten. Die von westlichen Theologen dogmatisch verkündete Theorie ist genauso haltlos wie die von der Wissenschaft gelehrte Theorie. Und dennoch kommen die religiösen Theorien der Wahrheit näher als die Theorien der Wissenschaft, weil sich hinter den religiösen Auslegungen über Adam und Eva viel Wahrheit verbirgt, und in den Erzählungen über Kain, Seth und Noah ist die wahre Geschichte der anderen menschlichen Rassen schattenhaft wiedergegeben, denn Adam ist lediglich der Repräsentant einer einzelnen Rasse. Die Menschen, die Kain aufnahmen und ihm ein Weib gaben, gehörten zu jenen menschlichen Rassen, die zu gleicher Zeit mit der Rasse erschienen waren, an deren Spitze Adam stand. Der eigentliche Ursprung des Menschen ist seitens der Wissenschaft zwar nicht zu entdecken, dennoch können wir in Erfahrung bringen, woher und wann die Menschen auf unsere Erde gekommen sind.

Der Mensch war niemals nicht! Wenn er nicht auf diesem Planeten beheimatet war, dann auf einem anderen, dennoch existierte er die Unendlichkeit hindurch und wird stets in den grenzenlosen Gefilden des Kosmos sein Dasein haben. Da er sich stets vervollkommnet und zum Ebenbild des himmlischen Menschen emporstrebt, ist er in ständigem Werden. Weil sich unser Gemüt aber nicht an einen Anfang zurückerinnern kann, werden wir mit unserem Planeten Erde beginnen. Auf dieser Erde einschließlich ihrer gesamten Globenkette, von der sie ein Glied ist, erschienen gleichzeitig sieben menschliche Rassen, die von anderen Globen einer älteren Planetenkette herüberkamen. In Bezug auf unsere Erde – den vierten Globus ihrer Kette – kamen diese sieben Rassen gleichzeitig von einem anderen Globus zu unserer Erdkette herüber. Dieses gemeinsame Erscheinen der sieben Rassen ereignete sich in der ersten und in einem Teil der zweiten Runde auf den Globen. In der zweiten Runde wurden dann diese sieben Gruppen menschlicher Rassen untereinander vermischt. Danach ist es ihr Schicksal, sich während der folgenden Runden wieder langsam zu differenzieren, bis in der siebenten Runde die sieben großen ersten Rassen wieder völlig voneinander getrennt erscheinen als vollkommen eigenständige Typen der menschlichen Rasse, soweit es der Evolutionszustand jener Periode zulässt. Gegenwärtig sind die sieben Rassen miteinander vermischt, und die menschlichen Rassen, die heutige Wissenschaftler klassifizieren, sind aus Vertretern aller Rassen zusammengesetzt. Diese Verschmelzung und die darauffolgende Differenzierung der Rassen haben den Zweck, dass jede Rasse die Gelegenheit erhält, Nutzen aus dem Fortschritt zu ziehen, den die Gesamtheit der Rassen in ihrer Entwicklung auf anderen Planeten und Systemen erworben hat. Denn die Natur verrichtet ihr Werk niemals in hastiger oder unzweckmäßiger Weise, vielmehr erzielt sie durch die sichere Methode des *Mischens, Niederschlagens und Trennens* die größte Vollkommenheit. Diese Methode war bereits den Alchimisten bekannt, obgleich sie sie nicht vollständig verstanden.

Aus dem Beschriebenen geht hervor, dass die Menschheit nicht von einem einzigen Paar abstammt. Ebenso wenig stammt sie von einem Affenstamm oder einer Affenfamilie ab. Es hat wenig Sinn, sich von den Kirchen oder der Wissenschaft eine Antwort auf diese Frage zu erhoffen. Die Wissenschaft ist sich bei der Lösung dieser Frage noch nicht sicher, und die Kirchen sind gefangen in einer Offenbarung, der durch die priesterlichen Theorien direkt widersprochen wird. Adam wird als der erste Mensch bezeichnet, aber die Schrift, in der diese Geschichte erzählt wird, zeigt weiter, dass noch andere menschliche Rassen auf Erden existiert haben müssen, sonst hätte Kain keine Stadt gründen können. Die Bibel unterstützt also die Theorie eines einzigen Menschenpaares nicht. Wenn wir andererseits eine Hypothese der Wissenschaft herausgreifen und für einen Augenblick annehmen, dass Mensch und Affe von einem gemeinschaftlichen Urvater abstammen, dann bleibt immer noch offen, woher dieser Vorfahr kam. Ein Postulat der Theosophie ist, dass sieben menschliche Rassen gleichzeitig auf diesem Planeten erschienen, und die Schlussfolgerung hieraus ist die, dass die Menschheit nicht von einem einzigen Paar und auch nicht vom Tierreich abstammt.

Die Unterschiede in Bezug auf den Charakter und die Fähigkeiten, die sich in der späteren Menschheitsgeschichte zeigen, sind die Folge der individuellen Eigenschaften, die in anderen und wesentlich früheren Evolutionsperioden auf anderen Planetenketten in den Egos entwickelt worden sind. Diese Unterschiede haben sich so tief eingeprägt, dass sie zu innewohnenden Eigenschaften geworden sind, denn die Rassen dieser Erde haben ihre vorhergehende Evolutionsperiode auf der Planetenkette durchlaufen, von der unser Mond der sichtbare Repräsentant auf der physischen Ebene ist.

Die brennende Frage, in welcher Beziehung die Menschenaffen zum Menschengeschlecht stehen, wird von den Meistern der Weisheit dahingehend beantwortet, dass diese Affen keineswegs unsere Vorväter sind, sondern tatsächlich von den Menschen selbst gezeugt wurden. In einer der frühen Perioden unserer Erde erzeugten die Menschen mit großen Tierweibern die Anthropoiden, und in den anthropoiden Körpern wurde eine gewisse Anzahl von Egos festgehalten, die eines Tages Menschen werden. Die Nachkommen der ersten Menschenaffen sind die Nachkommen jener gesetzwidrig gezeugten Kinder der Menschen. Sie werden nach und nach aussterben, während ihre Egos in menschliche Körper eintreten. Jene Körper, die halb Affe und halb Mensch waren, konnten nicht von rein tierischen Egos beseelt werden, und aus diesem Grund werden die Anthropoiden in der *Geheimlehre* die „aufgehaltene Rasse" genannt. Diese Rasse ist die einzige, die nicht in das Naturgebot einbezogen ist, das besagt, dass bis zum nächsten *Manvantara* keine weiteren Egos aus den niederen Naturreichen in das Menschenreich übertreten können. Für alle dem Menschen untergeordneten Naturreiche ist nun das Tor zur menschlichen Stufe geschlossen, außer für die Menschenaffen. Die Egos in den niederen Formen müssen alle warten, bis sie im nächsten großen Zyklus eine neue Gelegenheit zur Inkarnation bekommen. Da aber die aufgehaltenen Egos der Menschenaffenfamilie wesentlich später in die menschliche Stufe eintreten, werden sie für das lange Warten in dieser degradierten Rasse entschädigt werden. Alle anderen Affen sind das Produkt der normalen Evolution.

Über dieses Thema kann keine treffendere Auskunft gegeben werden als von einem der Mahâtmans der Weisheit, da er die esoterische Anthropologie aus den geheimen Archiven lehrt. Ich gebe sie wie folgt wieder:

„Die anatomische Ähnlichkeit zwischen den Menschen und den höchsten Affen, die so häufig von den Darwinisten als Beweis für den gemeinsamen Vorfahren der beiden Arten angeführt wird, bildet ein interessantes Problem, dessen zutreffende Lösung lediglich in der esoterischen Lehre über die Entstehung der Menschenaffenarten zu finden ist. Soweit es sinnvoll war, haben wir sie bereits gegeben, indem wir feststellten, dass das Tierische in den ersten gemütlosen Rassen zu der Zeugung der riesigen menschenähnlichen Ungeheuer führte – zu den Abkömmlingen der gemeinsamen menschlichen und tierischen Eltern. Als sich die noch halbastralen Formen im Laufe der Zeit in physische Formen verdichteten, wurden die Abkömmlinge dieser Kreaturen durch äußere Verhältnisse modifiziert, bis sich ihre Art verkleinerte und schließlich in den niederen Affen der Miozän-Periode gipfelte. Mit diesen niederen Affen erneuerten die späteren Atlantäer die Sünde der Gemütlosen, indem sie sich mit ihnen paarten – dieses Mal jedoch mit voller Verantwortung. Das Resultat ihres Vergehens waren die jetzt als Anthropoiden bekannten Arten … Wir müssen uns an die esoterischen Lehren erinnern, die besagen, dass der Mensch in der dritten Runde eine gigantische, affenartige Form auf der Astralebene hatte, und ähnlich war es am Ende der dritten Rasse in dieser Runde. Dies erklärt die menschlichen Züge der Affen und besonders die der späteren Anthropoiden – abgesehen von der Tatsache, dass die Anthropoiden durch Vererbung eine Ähnlichkeit mit ihren atlantäisch-lemurischen Vorvätern bewahrt hatten."

Dieselben Lehrer erklärten ferner, dass die Säugetiertypen in der vierten Runde erschienen sind, nach dem Auftreten des menschlichen Typus. Aus diesem Grunde gab es keine Fortpflanzungsbarriere, denn die Grundtypen dieser Säugetiere waren nicht weit genug entwickelt, um eine natürliche Schranke errichtet zu haben. Die unnatürliche Vereinigung in der dritten Rasse, zu deren Zeitpunkt der Mensch das Licht des *Manas* noch nicht empfangen hatte, war kein direktes Vergehen gegen die Natur, da ohne das Vorhandensein des vollen menschlichen Bewusstseins noch keine Verantwortlichkeit vorhanden sein kann. In der vierten Runde war das Licht des *Manas* jedoch bereits vorhanden, und daher war die wiederholte unnatürliche Vereinigung mit den Tieren durch die neue Rasse ein Verbrechen, denn sie geschah mit voller Kenntnis der Folgen und gegen die warnende Stimme des Gewissens. Von den karmischen Folgen sind alle Rassen betroffen, sie werden sich jedoch erst zu einem viel späteren Zeitpunkt zeigen und erkannt werden.

Wie der Mensch von einem anderen Planeten auf diesen Erdball kam – bevor er völlig in die Materie fiel, war er ein sehr machtvolles Wesen –, so kamen auch die niederen Naturreiche in ihrem Keimstadium und -typus von anderen Planeten. Sie führen ihre Evolution mit Hilfe des Menschen, der in allen Perioden der Manifestation an der Spitze der Lebenswogen steht, Schritt für Schritt aufwärts. Die Egos in diesen niederen Naturreichen konnten ihre Evolution in der vorhergehenden Planetenkette vor deren Auflösung nicht vollenden. Daher kamen sie zu dieser Planetenkette und schreiten Zeitalter um Zeitalter vorwärts, um allmählich der menschlichen Stufe näher zu kommen. Eines Tages werden auch sie Menschen sein und sich als die Pioniere und Führer für andere niedere Naturreiche auf diesem oder einem anderen Planeten betätigen. Wenn nun die erste und höchste Klasse der Wesenheiten von dem alten auf den neuen Planeten herüberkommt, werden stets einige Formen des tierischen Lebens, einige Früchte und andere Produkte mitgebracht, um hier als Modell oder Typus zu dienen. Es ist jedoch nicht ratsam, dieses Thema ausführlicher zu behandeln, da unsere Zeit noch nicht reif dafür ist. Bei einem Teil der Menschheit würde es nur ein müdes Lächeln hervorrufen, während ein anderer Teil mit Unverständnis darauf reagieren würde. Nachdem nun die allgemeinen Formen der verschiedenen Naturreiche auf die geschilderte Weise herübergebracht worden sind – zumindest was die niederen Naturreiche betrifft –, wollen wir zunächst betrachten, wie die Differenzierung der Tiere und anderer niederer Arten begann und weitergeführt wurde.

An diesem Punkt ist nun die Mithilfe und Leitung durch höher evolvierte Intelligenzen absolut notwendig, um die Evolution des Menschen zu beschleunigen. Diese Mithilfe und Führung durch spirituelle Wesen war und ist Tatsache, denn ohne ihre Hilfe kann die Natur ihr Werk nicht vollständig ausführen. Damit will ich aber nicht sagen, dass Götter oder Engel eingreifen und helfen. Es ist der Mensch selbst, der dies übernimmt, nicht der Mensch von heute in seiner Schwäche und Unwissenheit, sondern große Seelen, hohe und heilige Menschen von unglaublicher Macht, Intelligenz und Weisheit. In diesen Menschen würde heute jeder erreichbare Vorbilder erkennen, wenn nicht die Kirchen auf der einen und die Wissenschaft auf der anderen Seite ein so jammervolles Bild von unserer Schwäche, dem vermeintlich angeborenen Bösen und unserem angeblich rein materiellen Ursprung gezeichnet hätten. Aufgrund dieses Bildes glauben nahezu alle Menschen, sie seien das Spielzeug Gottes oder eines grausamen Fatums, das ihnen keine Hoffnung lasse. Daher verfolgen viele Menschen der Gegenwart selbstische und herabwürdigende Ziele, die ihre Wirkung auch im Jenseits haben werden. Jenen großen Seelen, die uns in der Evolution voraus sind und die nicht mehr auf unserer Ebene leben, werden verschiedene Namen gegeben: *Dhyânins,* Schöpfer, Führer, große Seelen usw. In der theosophischen Literatur werden sie *Dhyânins* bzw. *Dhyâni-Chohans* genannt.

Mit Methoden, die nur ihnen und der Großen Bruderschaft bekannt sind, arbeiten sie an den herübergebrachten Formen, fügen hier etwas zu, nehmen dort etwas weg und verändern häufig. Dadurch transformieren sie langsam die Naturreiche sowie den sich ebenso gradweise bildenden groben Körper des Menschen. Diese Prozesse werden hauptsächlich während der rein astralen Periode durchgeführt, die der groben physischen Stufe vorausgeht, und die dabei gegebenen Impulse tragen sich selbst vorwärts durch alle folgenden Zeiten. Nachdem der Mittelpunkt der Evolutionsperiode erreicht ist, entwickeln sich die einzelnen Arten weiter zur gegenwärtigen Stufe, und es ist weder dem menschlichen Auge noch mit Hilfe von Instrumenten möglich, die Zusammenhänge zu erkennen. Heutige Untersuchungen haben sich in Bezug auf gewisse Arten einem Punkt genähert, an dem die Forscher bekennen müssen, dass ihnen die Möglichkeiten zum Auffinden der ursprünglichen Arten fehlen. Betrachten wir z. B. einerseits Rinder, andererseits Pferde, so sehen wir, dass beide Arten Hufe haben. Die eine Art hat jedoch einen gespaltenen Huf, während die andere Art nur eine Zehe hat. Gehen wir jeweils bis auf den ältesten Vorfahren zurück, so bringt uns dies zum Mittelpunkt ihrer Evolutionsperiode zurück, und an diesem Punkt stagniert die wissenschaftliche Forschung. Hier, an dieser Stelle, greift das Wissen der Mahâtmans ein. Sie erklären, dass den der Wissenschaft bekannten Vorgängen die Evolution auf der Astralebene vorausging, auf der die Dhyânins an den Urtypen durch Ändern und Hinzufügen die Evolution in Gang setzten, die später auf unserer grobstofflichen Ebene zur Differenzierung in die verschiedenen Familien, Arten und Geschlechter führte.

Während einer ungeheuren Zeitperiode – etwa 300 000 000 Jahre – befand sich die Erde mit den Menschen und allen anderen Naturreichen in einem astralen Zustand. Damals gab es keine verdichtete Materie, wie wir sie heute kennen. Das war in den ersten Runden der Fall, als sich die Natur mit dem Werk der Typenentwicklung auf der Astralebene, auf der die Materie eine sehr feine Struktur hat, langsam vorwärtsarbeitete. Am Ende dieses Zeitraumes begann der Verfestigungsprozess. Zuerst nahm die Gestalt des Menschen festere Formen an, und erst dann wurden einige der astralen Prototypen aus den vorhergehenden Runden in den Prozess mit einbezogen. Wenn nun entsprechende Fossilien entdeckt werden, so werden sie Tieren zugeordnet, die gleichzeitig mit dem grob-physischen Menschen existiert haben, auch wenn sie in Wirklichkeit zu einer früheren Periode gehören, in der alles astral war.

Während sich diese Schlussfolgerung unter anderen Theorien der Wissenschaft ganz gut ausnimmt, wird sie zur bloßen Vermutung, sobald die Existenz der Astralperiode eingeräumt wird. Natürlich kann in diesem Rahmen nicht auf weitere Einzelheiten eingegangen werden, dennoch möchte ich erwähnen, dass weder die Biene noch der Weizen ursprünglich auf dieser Planetenkette hätten entwickelt werden können, sondern dass beide auf einer anderen Kette hervorgebracht und vollendet wurden, von der aus sie auf die unsere mit herübergebracht wurden. Warum dies so sein sollte, möchte ich vorerst dem Nachdenken überlassen.

Gegen diese Lehre mag der Einwand erhoben werden, dass es der Wissenschaft noch nicht gelungen ist, die fehlenden Glieder zwischen den Wurzeltypen der Astralperiode und den gegenwärtigen Fossilien oder lebenden Arten zu finden. Im Jahre 1893 sagte Professor Virchow in einem Vortrag in Moskau, das fehlende Glied sei so weit wie je entfernt und jetzt so gut wie früher ein Traum und es liege kein wirklicher Beweis für die Abstammung des Menschen von den Tieren vor. Das ist ganz richtig, und mit ihren gegenwärtigen Methoden wird die Wissenschaft keines der fehlenden Glieder entdecken können. Denn die fehlenden Glieder existieren alle auf der Astralebene und sind daher für das physische Auge nicht sichtbar. Sie können nur mit den inneren Astralsinnen wahrgenommen werden, die zuerst geschult werden müssen, um ihre Tätigkeit richtig ausüben zu können. Aber solange die Wissenschaft die Existenz dieser astralen, inneren Sinne nicht zugibt, wird sie nie zu deren Entwicklung beitragen können. Daher werden der Wissenschaft immer die nötigen Hilfsmittel fehlen, die zur Entdeckung der astralen Glieder erforderlich sind, die im Laufe des langen Differenzierungsprozesses auf der Astralebene zurückgelassen wurden. Die oben erwähnten Fossilien – die sozusagen unzeitgemäß versteinerten – bilden eine Ausnahme von der Unmöglichkeit, irgendwelche fehlenden Glieder zu finden. Für die Wissenschaft sind sie jedoch nur Sackgassen, da sie keine der bestehenden Tatsachen anerkennt.

Das Ziel all dieser Differenzierungen, Verschmelzungen und Scheidungen wird von einem anderen der Mahâtmans folgendermaßen sehr klar dargelegt:

„Die Natur zieht es bewusst vor, die Materie eher in organischen als in anorganischen Formen unzerstörbar zu machen, und sie arbeitet langsam, aber unaufhaltsam auf die Verwirklichung dieses Zieles hin: die Evolution bewussten Lebens aus unbewusstem, trägem Material."

16. Kapitel

Psychische Gesetze, Kräfte und Erscheinungen

Das Gebiet der psychischen Praktiken, der psychischen Kräfte und der hervorgebrachten Phänomene ist sehr umfangreich. In jedem Land werden täglich psychische Praktiken ausgeführt. Seitens wissenschaftlicher Kreise wurde ihnen jedoch so gut wie keine Aufmerksamkeit geschenkt, und wer sich mit psychischen Phänomenen auseinandersetzte und sich zu diesem Gebiet bekannte, wurde mit Spott und Hohn überschüttet. In der Mitte des 19. Jahrhunderts entstand in den Vereinigten Staaten von Amerika eine Bewegung, die sich fälschlich „Spiritismus" nannte. Sie versäumte jedoch ihre große Möglichkeit, ernst genommen zu werden und einen philosophischen Hintergrund aufzuzeigen, weil sie der Versuchung verfiel, nach immer neuen Wundern zu suchen, wodurch sie ihre Glaubwürdigkeit verlor. Für den Fortschritt hat diese Bewegung wenig vollbracht, abgesehen von einer Sammlung vieler offengelassener Fakten, die aber in der Öffentlichkeit während mehrerer Jahrzehnte keine ernsthafte Beachtung fand. Auch wenn diese Bewegung einen gewissen Nutzen gebracht hat und eine ganze Anzahl hervorragender Menschen in ihren Reihen zählt, so drohen doch den Medien und den Beteiligten so große Gefahren und Schäden an Leib und Seele, dass von einer Teilnahme an psychischen Praktiken nur gewarnt werden kann. Westliche Forscher der offiziellen Schulen haben hinsichtlich psychischer Gesetzmäßigkeiten auch nicht erfolgreicher gearbeitet. Das Resultat ist, dass eine westliche Psychologie, die dieses Namens würdig ist, nicht existiert. Es gibt jedoch große Seelen, die der Menschheit vorausgehen und sie führen und die aufgrund ihres großen Wissens die psychischen Gesetze kennen und beherrschen. Hierdurch sind sie in der Lage, uns Menschen auf unserem Evolutionspfad zu helfen, damit wir ihn möglichst kontinuierlich und ohne vernichtende Rückschläge zurücklegen können.

Das Fehlen eines angemessenen psychologischen Systems ist die natürliche Folge der materialistischen Tendenz der Wissenschaft und des lähmenden Einflusses der dogmatischen Kirche. Die Wissenschaft lässt keinen geistigen Hintergrund zu und verbaut sich so jeden weiteren Fortschritt, während die Kirche Forschungen in dieser Richtung ablehnt. Der römisch-katholische Zweig der christlichen Kirche bildet jedoch in gewisser Hinsicht eine Ausnahme. Er hat die Existenz einer psychischen Welt, die für ihn die Region der Teufel und der Engel ist, stets zugegeben. Da sich die Engel jedoch nach ihrem eigenen Belieben offenbaren und da die Teufel gemieden werden müssen, erlaubt diese Kirche niemandem, mit Ausnahme der geweihten Priester, sich mit psychischen Dingen zu befassen. Soweit diese Kirche die gefährlichen Praktiken der Totenbeschwörung (Nekromantie) – mit denen sich die „Spiritisten" abgeben – verboten hat, handelte sie durchaus richtig, nicht jedoch mit ihren anderen Verboten und Einschränkungen. Wahre Psychologie ist heute ein Produkt des Ostens. Das System war auch im Westen bekannt, als in Amerika eine sehr alte Zivilisation blühte – und ebenfalls in gewissen Teilen Europas vor der christlichen Ära; in der heutigen Zeit gehört die wahre Psychologie jedoch ausschließlich dem Orient an.

Die Frage ist nun: Gibt es psychische Kräfte, Gesetze und Mächte? Wenn ja, dann muss es auch entsprechende Phänomene geben. Und wenn alle Ausführungen in den vorhergehenden Kapiteln auf Wahrheit beruhen, dann existieren im Menschen dieselben Kräfte und Energien, die überall in der Natur zu finden sind. Die Mahâtmans betrachten den essenziellen Menschen als das höchste Produkt der Evolution, das in sich selbst jede Kraft widerspiegelt – ganz gleich, wie wunderbar oder schrecklich sie ist –, die in der Natur zu finden ist. Und gerade weil er ein Spiegel der Natur ist, ist er Mensch.

Im Osten ist dies bereits vor langen Zeiten erkannt worden. Ich habe dort viele Beweise gesehen, die das Vorhandensein derartiger Kräfte bestätigen und die die Theorien manch eines westlichen Wissenschaftlers über den Haufen werfen würden. Auch im Westen habe ich Phänomene dieser Art gesehen, sodass ich aus eigener Erfahrung weiß, dass alle Menschen, gleich welcher Rasse sie angehören, potenziell dieselben Kräfte besitzen. Die echten psychischen oder, wie sie auch oft genannt werden, magischen Phänomene, die östliche Fakire oder Yogins bewirken, werden durch die Nutzung natürlicher Kräfte und Prozesse hervorgerufen, von denen der Westen bis jetzt noch nicht einmal träumt. Die Aufhebung der Schwerkraft (Levitation) des Körpers steht in scheinbarem Widerspruch zur Gravitation. Sie ist ein mit Leichtigkeit auszuführendes Kunststück, wenn der Prozess völlig beherrscht wird, auch widerspricht sie keinem Naturgesetz. Gravitation ist nur die eine Hälfte eines Gesetzes. Der östliche Weise erkennt die Gravitation an, sofern diese Bezeichnung beibehalten werden soll. Der wirkliche Ausdruck ist jedoch Anziehung, während die andere Hälfte des Gesetzes mit Abstoßung bezeichnet wird, und beide werden durch die großen Gesetze der elektrischen Kräfte beherrscht. Gewicht und Stabilität beruhen auf Polarität. Wird die Polarität eines Objektes im Verhältnis zu der unmittelbar unter ihm befindlichen Erde verändert, kann das Objekt in die Höhe gehen. Da aber bloße Objekte ohne das im Menschen existierende Bewusstsein sind, können sie sich ohne gewisse andere Hilfen nicht erheben. Der menschliche Körper dagegen erhebt sich gleich einem Vogel ohne andere Hilfen in die Luft, wenn seine Polarität verändert wird. Dieser Wechsel wird durch ein dem Orientalen bekanntes System von Atemübungen bewusst hervorgerufen. Er kann auch mit Hilfe von später zu besprechenden natürlichen Kräften von Personen bewirkt werden, die dieses Phänomen ohne Kenntnis der Gesetze ausführen, wie es zum Beispiel bei Heiligen der römisch-katholischen Kirche der Fall gewesen ist.

Ein drittes Gesetz, das bei vielen der Phänomene im Osten und im Westen eine Rolle spielt, ist das der Kohäsion. Die Kohäsionskraft ist eine eigenständige Kraft und nicht das Resultat einer anderen Kraft, wie allgemein angenommen wird. Dieses Gesetz und seine Wirkungen müssen bekannt sein, wenn gewisse Phänomene erzeugt werden sollen, wie zum Beispiel das Durchstecken eines soliden Eisenringes durch einen anderen oder eines Steines durch eine feste Wand.

Der vom Materialismus unserer Zeit beeinflusste Durchschnittsmensch fragt sich, wie diese Manipulationen möglich sind, da nirgendwo von Instrumenten die Rede ist. Diese Instrumente liegen im Körper und im Gehirn des Menschen, das ein unerschöpflicher Generator von Kraft ist. Eine vollständige Kenntnis der inneren chemischen und dynamischen Naturgesetze gibt dem geschulten Gemüt eines Menschen die Fähigkeit, die beschriebenen natürlichen Gesetze zu nutzen und sie nach Belieben in Bewegung zu setzen. Den Menschen der Zukunft wird dies möglich sein, und hätte sich der Mensch nicht dem blinden Dogmatismus und dem materialistischen Irrglauben verschrieben, wäre es ihm schon jetzt möglich. Selbst die Christen zeigen nicht, dass sie an das Wort ihres Meisters glauben, der da sagte, der Glaube könne Berge versetzen. Wo sich aber zum Glauben die Kenntnis des Gesetzes gesellt, besteht auch die Macht über Materie, Geist, Raum und Zeit.

Wendet der geschulte Adept diese Kräfte an, kann er Materie, die vorher nicht sichtbar war, in jeder beliebigen Form vor dem Auge gegenständlich und für die Sinne greifbar erscheinen lassen. Die Materie hängt gewissermaßen in der Luft. Jedes Partikel der Materie, ob sichtbar oder noch nicht niedergeschlagen, ist bereits durch alle möglichen Formen gegangen. Der Adept wählt nur eine gewünschte Form aus, die wie alle anderen Formen im Astrallicht existiert. Er bekleidet diese Form dann durch einen Akt seines Willens und seiner Imagination mit der umherschwebenden Materie, deren Niederschlag er veranlasst. Das so hervorgebrachte Objekt wird jedoch wieder verschwinden, wenn nicht auf bestimmte andere Verfahren zurückgegriffen wird, die hier nicht beschrieben werden können. Werden diese Verfahren jedoch angewandt, dann wird das geschaffene Objekt von Dauer sein. Wenn nun gewünscht wird, dass eine Mitteilung auf Papier oder einer anderen Oberfläche sichtbar gemacht wird, so werden dieselben Kräfte und Gesetze genutzt. Das fotografisch genaue und scharf umrissene Abbild jeder Linie eines jeden Buchstabens oder Bildes wird in der Vorstellung gebildet, und dann wird das Pigment aus der Luft herausgezogen, um es innerhalb der vom Gehirn – dem „unerschöpflichen Erzeuger von Kraft und Form“ – gezogenen Grenzen niederschlagen zu lassen. Ich habe selbst gesehen, wie diese Phänomene ausgeführt wurden, und zwar keineswegs durch ein bezahltes oder verantwortungsloses Medium. Daher weiß ich auch, wovon ich spreche.

Dies alles führt ganz natürlich zu dem Schluss, dass der menschliche Wille sehr machtvoll sein kann und die Imagination eine überaus nützliche Eigenschaft von dynamischer Kraft ist. Die Imagination ist die Fähigkeit des menschlichen Gemütes, Gedankenbilder zu erzeugen. Beim Durchschnittsmenschen ist sie jedoch nicht genügend geschult und hat daher nicht die Kraft, etwas mehr als eine Art von Traum zu sein, doch sie kann geschult werden. Ist dies geschehen, wird die Imagination zum Architekten in der Werkstatt des Menschen. Wenn sie diesen Zustand erreicht hat, bildet sie in der Astralsubstanz eine Matrix oder einen Urgrund, aus dem die objektiven Wirkungen hervorgehen. Nach dem Willen ist die Imagination die größte Kraft in der menschlichen Konstitution zur Wahrnehmung und Ausführung der kompliziertesten Lebensvorgänge. Die moderne westliche Definition der Imagination ist unvollständig und irreführend. Der Begriff wird hauptsächlich zur Bezeichnung von Fantasien oder Wunschvorstellungen angewandt und bedeutet danach etwas Unreales. Es ist jedoch nicht möglich, eine andere oder bessere Bezeichnung zu finden, weil eine der Kräfte der geschulten Imagination die bildhafte Vorstellung eines angestrebten Zieles ist. Etymologisch bezeichnet der Begriff Imagination die Gestaltung oder Reflexion eines Bildes. Vielfach wird die Kraft der Imagination jedoch aus Unkenntnis mit der ganz normalen, der niederen Vierheit angehörenden Einbildungskraft verwechselt. Diese Unkenntnis hat dazu geführt, dass die Imagination im Westen mit „Fantasie" gleichgesetzt wird. Die Fähigkeit zur Imagination kann jedoch sehr viel weitreichender entwickelt werden. Ist ein bestimmter Grad dieser Entwicklung erreicht, kann mittels der Imagination in der Astralsubstanz ein reales Bild oder eine Form geschaffen werden, die dann auf die gleiche Weise benutzt werden kann, wie ein Eisengießer eine Sandform für das geschmolzene Eisen benutzt. Aus diesem Grunde ist die Imagination auch die Königin unter den Fähigkeiten, weil der Wille sein Werk nur unvollkommen verrichten kann, wenn die Imagination nur schwach oder völlig ungeschult ist. Ist sich zum Beispiel eine Person über das Bild, das in der

Astralsubstanz existiert und das sie aus der Luft materialisieren will, auch nur im Geringsten unsicher, wird sich das Pigment entsprechend ungeordnet und unscharf auf dem Papier niederschlagen.

Um mit dem Gemüt eines anderen Menschen in geringerer oder größerer Entfernung in Verbindung treten zu können, muss der Adept alle Moleküle des Gehirns und alle Gedanken des Gemütes so abstimmen, dass sie im Einklang mit dem Gemüt des anderen Menschen vibrieren. Gemüt und Gehirn des anderen müssen freiwillig beziehungsweise durch dessen eigene Willenskraft in die gleiche Harmonie versetzt werden. Wenn sich ein Adept zum Beispiel in Bombay aufhält und sein Freund in New York, ist die Entfernung kein Hindernis, da die inneren Sinne nicht vom Gehör abhängig sind, sondern die Gedanken und Bilder im Gemüt der anderen Person sehen und fühlen können.

Und nur dann, wenn der Wunsch besteht, in ein fremdes Gemüt zu blicken und dessen Gedanken oder alle es umgebenden Bilder zu erfassen – alles, was es gesehen und gedacht hat –, lenkt der Adept sein inneres Gesicht und Gehör auf das zu erforschende Gemüt, woraufhin ihm sofort alles offenbar wird. Der Adept handelt jedoch nur in ganz bestimmten Fällen so, und zwar in jenen Fällen, in denen er ausdrücklich dazu ermächtigt ist. Der moderne Mensch sieht zwar kein Vergehen darin, die Geheimnisse eines anderen ohne dessen Kenntnis oder Billigung vermittels solcher Kräfte auszuspionieren, die Adepten hingegen wissen durch ihre strenge Schulung, dass es eine Verletzung der Rechte eines anderen ist, in sein Bewusstsein einzudringen. Kein Mensch hat das Recht, in das Gemüt eines anderen einzudringen und sich dessen Geheimnisse anzueignen, selbst wenn er die Macht dazu hätte. Das ist Gesetz für alle Wahrheitssuchenden. Wer bemerkt, dass er nahe daran ist, in die Geheimnisse eines anderen einzudringen, muss sich sofort zurückziehen und darf nicht weiterforschen. Tut er es dennoch, wird ihm, falls er ein Schüler ist, die Kraft genommen. Jeder andere Mensch muss die Folgen für diese Art von Einbruchdiebstahl auf sich nehmen, denn die Natur hat ihre Gesetze und, bildlich gesprochen, ihre Polizisten: Wenn wir in der Astralwelt Verbrechen begehen, wird Karma unbestechlich die Strafe vollstrecken, auch wenn noch so viel Zeit darüber vergehen mag. Hierin liegt eine weitere Sicherungsmaßnahme für wahre Ethik und Moral. Doch solange die Menschen die in diesem Buch dargelegte Lebensphilosophie nicht anerkennen, werden sie es nicht für Unrecht halten, in den psychischen Bereichen Verbrechen zu ihrem scheinbaren Vorteil zu begehen. Und in die inneren, verborgenen Gebiete der Natur können unsere unzureichenden menschlichen Gesetze nicht reichen. Doch durch die Weigerung, die theosophische Philosophie anzuerkennen, wird der Tag nur hinausgeschoben, an dem diese großen Fähigkeiten zum Nutzen aller erlangt werden können.

Zu den sonst noch erwähnenswerten Phänomenen gehören auch die, bei denen Gegenstände ohne physischen Kontakt bewegt werden. Das kann auf mehrere Arten geschehen. Die erste besteht darin, die Astralhand und den Astralarm über den physischen Körper hinaus auszudehnen und mit ihnen die zu bewegenden Objekte zu ergreifen. Dies ist bis zu einer Entfernung von 3,5 Metern möglich. Ich will mich nicht in Einzelheiten darüber ergehen, sondern begnüge mich damit, auf die Eigentümlichkeiten der Astralmaterie und der astralen Glieder hinzuweisen, was auch die verschiedenen mediumistischen Phänomene bis zu einem gewissen Grad erklärt. In nahezu allen Fällen von Apportation wird das Kunststück durch den Gebrauch der unsichtbaren, aber doch materiellen Astralhand ausgeführt. Bei der zweiten Methode werden die bereits erwähnten Elementale benutzt. Wenn sie durch den inneren Menschen geleitet werden, haben sie die Fähigkeit, durch Änderung der Polarität Objekte zu bewegen. Indische Fakire und auch einige hiesige Medien bewegen auf diese Weise kleine Gegenstände augenscheinlich ohne Hilfsmittel. Die Elementalwesen werden benötigt, um Gegenstände aus einer größeren Entfernung heranzubringen, als dies mit der Astralhand möglich ist. Dass die Medien selbst keine Kenntnis von diesen Vorgängen haben, ist kein Gegenbeweis. Sie wissen sehr selten, wenn überhaupt, wodurch ihre Schaustücke möglich sind, doch ihre Unkenntnis der Naturgesetze ist kein Beweis, der gegen deren Existenz spricht. Jene Schüler, die die unsichtbaren Kräfte in Tätigkeit erlebt haben, benötigen keine weiteren Erklärungen.

Hellsehen, Hellhören und Zweites Gesicht sind eng miteinander verwandt. Die Ausübung einer dieser Fähigkeiten bewirkt gleichzeitig die Mitwirkung der beiden anderen. Sie sind lediglich Varianten ein und derselben Kraft. Der Ton ist eines der bezeichnenden Charakteristika der Astralsphäre, und da Licht mit Ton einhergeht, entsteht das Sehen gleichzeitig mit dem Hören. Wenn mit Hilfe der Astralsinne ein Astralbild gesehen wird, so ist gleichzeitig auch ein Ton vorhanden, und wenn dieser Ton gehört wird, beweist er die Gegenwart eines dazugehörigen Bildes in der Astralsubstanz, denn jeder Ton erzeugt sofort ein Bild. Diese im Osten seit Langem bekannte Tatsache wurde auch im Westen demonstriert, indem auf einem gespannten Trommelfell für das Auge sichtbare Tonbilder hervorgebracht wurden. Das Thema kann noch wesentlich weiter verfolgt werden, da dies jedoch beim gegenwärtigen Zustand der menschlichen Gesellschaft Gefahren in sich birgt, möchte ich davon absehen.

Im Astrallicht existieren Bilder von allen Ereignissen, an denen je ein Mensch teilhatte. Ebenso existieren auch Bilder von jenen zukünftigen Ereignissen, deren *Ursachen* genügend charakterisiert und bereits entwickelt sind. Sind die Ursachen noch unbestimmt, dann sind auch die Bilder der Zukunft entsprechend unbestimmt. Für die große Masse der fälligen Ereignisse sind jedoch nahezu alle ursächlichen Bilder im Astrallicht für die nächsten Jahre mit genügender Deutlichkeit aufgezeichnet, sodass dem Seher die Vorausschau möglich ist. Mit Hilfe dieser Astralbilder, die mit den inneren Sinnen gesehen werden, üben alle Hellseher ihre seltsame Fähigkeit aus. Doch diese Fähigkeit ist allen Menschen eigen, auch wenn sie bei der Mehrheit nur wenig entwickelt ist. Kein Mensch könnte einem anderen eine Idee übermitteln, wenn nicht der Keim dieser Kraft in jedem ansatzweise entwickelt wäre.

Beim Hellsehen gleiten die Bilder des Astrallichtes an den inneren Augen vorüber und werden in die physischen Augen reflektiert. Dann erst erscheinen sie objektiv vor dem Seher. Sofern sich die Bilder auf vergangene oder zukünftige Ereignisse beziehen, werden sie lediglich gesehen. Betreffen sie jedoch Ereignisse, die sich gegenwärtig abspielen, wird die ganze Szene durch die inneren Sinne im Astrallicht gesehen. Der Unterschied zwischen dem normalen und dem hellsehenden Schauen besteht also darin, dass die Vibrationen beim Hellsehen im Wachzustand zuerst dem Gehirn mitgeteilt werden und von dort auf die physischen Augen übertreten, wo sie dann ein Bild auf der Netzhaut erzeugen. Geradeso versetzt der sich drehende Zylinder des Phonographen die Membran in die gleiche Schwingung, mit der die Stimme vibrierte, als sie in den Schalltrichter hineinsang oder -sprach. Beim normalen Sehen werden die Schwingungen zuerst auf das äußere Auge übertragen und von dort auf das Gehirn. Bilder und Töne werden durch Schwingungen erzeugt, und daher wird jeder jemals erzeugte Ton im Astrallicht aufbewahrt, von wo der innere Sinn ihn aufnehmen und auf das Gehirn übertragen kann, und über das Gehirn erreicht er dann das physische Ohr. Beim Hellhören auf größere Entfernung wird nicht mit dem äußeren Ohr gehört, sondern mit dem Hörzentrum im Astralkörper. Das Zweite Gesicht basiert auf Hellsehen oder Hellhören oder einer Kombination von beiden, was vom einzelnen Fall abhängt.

Die höchste Stufe des Hellsehens – die spirituelle Vision – ist sehr selten, denn der ganz normale Hellseher arbeitet lediglich mit den niederen Aspekten und Sphären des Astrallichtes. Spirituelle Vision wird daher nur jenen zuteil, die rein, ergeben und charakterfest sind. Sie kann erlangt werden, indem das entsprechende Organ im Körper, durch das allein Visionen möglich sind, speziell entwickelt wird, und das auch nur nach langer Schulung, Disziplin und höchster Selbstlosigkeit. Alle anderen Arten des Hellsehens sind vergänglich, unzulänglich und bruchstückhaft, da sie sich nur in materiellen Sphären abspielen und mit Illusionen befassen. Der fragmentarische und unzulängliche Charakter gewöhnlichen Hellsehens liegt darin, dass kaum ein Hellseher die Fähigkeit hat, zu gleicher Zeit in mehr als einer der niederen Astralsphären zu sehen. Wer reinen Herzens und mutig ist, kann sowohl die Gegenwart als auch die Zukunft wesentlich besser selbst meistern, ohne sich den fragwürdigen Aussagen eines Hellsehers anzuvertrauen. Da aber die Betätigung hellseherischer Fähigkeiten sowohl die Existenz unserer inneren Sinne als auch das notwendige Medium dafür – das Astrallicht – beweist, sind sie gegenüber den Aussagen der sogenannten „Geister" in den spiritistischen Sitzungen von großer Bedeutung.

Träume sind manchmal das Resultat einer sich automatisch abspielenden Gehirntätigkeit. Sie werden aber auch vom inneren Menschen erzeugt, indem er diejenigen – hohen oder niedrigen – Szenen und Ideen auf das Gehirn überträgt, die er gesehen hat, während der Körper im Schlaf lag. Sie scheinen sich in das Gehirn einzusaugen, während die Seele wieder in den Körper hineinsinkt. Solche Träume mögen nützlich sein, im Allgemeinen zerstört die Wiederaufnahme der körperlichen Tätigkeit jedoch ihre wahre Bedeutung, verändert die Bilder und bringt alles in Verwirrung. Die große Bedeutung des Träumens liegt darin, dass wir während des Träumens sehen und fühlen, und diese Tatsache ist eines der Argumente für die Existenz des inneren Menschen. Im Schlaf verkehrt der innere Mensch mit höheren Intelligenzen, und manchmal gelingt es ihm, dem Gehirn das Empfangene – sei es eine hohe Wahrheit oder eine prophetische Vision – zu übermitteln; das kann jedoch auch durch den Widerstand der Gehirnmaterie vereitelt werden. Auch das Karma eines Menschen hat eine Beziehung zur Bedeutung eines Traumes. Ein König kann etwas träumen, was sich auf sein Königreich bezieht, während sich der Traum eines Bürgers auf seine ihm eigenen Lebensumstände bezieht. Aber wie Hiob (33, 15 f.) sagt: „Im Traum, im Nachtgesicht, […] da öffnet er das Ohr der Menschen […]"

Erscheinungen jedweder Art und Doppelgänger gehören zwei Hauptklassen an: Die erste Klasse umfasst Astralhülsen oder Bilder aus der Astralwelt; sie sind entweder für das Auge wirklich sichtbar oder nur das Resultat von inneren Schwingungen, die auf das äußere Auge projiziert werden und den Menschen glauben lassen, er sehe eine objektive Form. Bei der zweiten Klasse handelt es sich um Astralkörper lebender Personen, die entweder mit vollem oder nur teilweise mit Bewusstsein begabt sind. Mühsame Versuche der Gesellschaften für psychische Forschung, die Echtheit von Erscheinungen zu prüfen, beweisen ohne Kenntnis der zugrundeliegenden Gesetzmäßigkeiten tatsächlich gar nichts, denn von zwanzig Fällen können neunzehn auf Beeinflussungen des Gehirns zurückzuführen sein. Dass Erscheinungen gesehen worden sind, steht ohne Zweifel fest. Erscheinungen von gerade Verstorbenen können Bilder sein, die, wie beschrieben, objektiviert wurden, oder es handelt sich um den Astralkörper des Verstorbenen, der in dieser Erscheinungsform als *Kâma-rûpa* bezeichnet wird. Da die vom sterbenden Körper freiwerdenden Gedanken und Kräfte sehr stark sind, gibt es mehr Berichte über solche Erscheinungen als über Erscheinungen irgendeiner anderen Art.

Der Adept kann seinen Doppelgänger aussenden, der allerdings mit einem anderen Namen bezeichnet wird, da er aus einem bewussten und geschulten Astralkörper mit all seiner Intelligenz besteht, jedoch nicht völlig von seinem physischen Organismus getrennt ist.

Die Theosophie verneint und ignoriert keinesfalls die von der Wissenschaft entdeckten physikalischen Gesetze, im Gegenteil, sie erkennt all jene Gesetze an, die wirklich bewiesen sind. Dennoch weist sie darauf hin, dass weitere Gesetze existieren, die die Tätigkeiten der bereits bekannten beeinflussen. Hinter all den sichtbaren Phänomenen steht der verborgene Kosmos in seiner ideellen Maschinerie. Der verborgene Kosmos kann nur mittels unserer inneren Sinne richtig verstanden werden, die ihm ja selbst angehören. Diese inneren Sinne können jedoch schwerlich entwickelt werden, wenn ihre Existenz verneint wird. Wirken Gehirn und Gemüt zusammen, sind sie in der Lage, Formen zu entwickeln, zuerst astrale aus der Astralsubstanz und später sichtbare durch Anhäufung der Materie auf dieser Ebene. Die Objektivität beruht hauptsächlich auf der Wahrnehmung, und Wahrnehmung kann durch innere Stimulation angeregt werden. Daher kann ein Beobachter einerseits ein Objekt sehen, das tatsächlich auf der äußeren Ebene existiert, andererseits kann er durch innere Stimulation dazu gebracht werden.

Hieraus ergeben sich drei unterschiedliche Arten des Sehens:

a) durch das äußere Auge mittels des vom Objekt ausgehenden Lichtes,
b) mit den inneren Sinnen mittels des Astrallichtes,
c) durch innere Stimulation, die von dem inneren Auge auf das

Gehirn übertragen wird und dann das innere Bild nach außen projiziert.

Phänomene, die über die anderen Sinne hervorgebracht werden, können auf gleiche Weise dargestellt werden.

Da die Astralsubstanz das Verzeichnis aller Gedanken, Töne, Bilder und anderer Vibrationen ist und da der innere Mensch eine ganzheitliche Person ist, die mit oder ohne Koordination mit dem physischen Organismus zu handeln vermag, können alle Phänomene der Hypnose, des Hellsehens, des Hellhörens, der Mediumschaft und anderer Praktiken, die unbewusst ausgeführt werden, erklärt werden. In der Astralsubstanz sind alle Töne und Bilder eingeprägt. Sie verbleiben in dem Astralmenschen als Eindrücke eines jeden Geschehens, ganz gleich, wann es sich ereignet hat oder wie unbedeutend es gewesen sein mag. Das Zusammenwirken dieser Eindrücke erzeugt die Phänomene, die jenen Menschen so fremd erscheinen, die die Lehrsätze des wahren Okkultismus in Abrede stellen oder überhaupt nichts von ihnen wissen.

Wer aber die Phänomene verstehen will, die von allen geschulten Okkultisten, den Adepten, Fakiren und Yogins, ausgeführt werden, muss die okkulten Gesetze der Chemie, des Gemütes und von Kraft und Materie kennen. Diese genauer zu erklären, kann natürlich nicht die Aufgabe eines so kleinen Handbuches der theosophischen Philosophie sein.

17. Kapitel

Psychische Erscheinungen und Spiritismus

In der Geschichte der psychischen Phänomene nehmen die Berichte des sogenannten Spiritismus in Europa, Amerika und anderswo einen wichtigen Platz ein. Absichtlich sage ich jedoch, dass kaum je eine Bezeichnung unzutreffender gebraucht wurde als das Wort „Spiritismus" für die in Europa und Amerika existierende Bewegung, denn sie enthält keine geistige Grundlage. Die in den vorhergehenden Kapiteln gegebenen Lehren sind daher keinesfalls mit „Spiritismus" zu verwechseln, da die von modernen Medien und sogenannten Spiritisten derart falsch benannten Praktiken nichts anderes als die Anbetung und Verehrung der toten Astralmenschen sind. In Wirklichkeit handelt es sich bei diesen Praktiken um die alte Totenbeschwörung, um Nekromantie, die von den spirituellen Lehrern zu allen Zeiten verboten wurde. Totenbeschwörung ist nichts anderes als die grobe Vermaterialisierung spiritueller Vorgänge und hat mehr mit Materie als mit Geist zu tun. Einige nehmen an, dieser Kult sei etwa um 1840 in Rochester, N. Y., USA, mit der Mediumschaft der Fox-Schwestern entstanden, die Praktiken waren jedoch bereits während der Hexenprozesse in Salem bekannt. In Europa wurden um 1800 die gleichen Praktiken ausgeübt und die gleichen Phänomene hervorgebracht, und auch damals hielten Medien Sitzungen ab. Seit Jahrhunderten ist diese Praxis in Indien bekannt, wo sie jedoch von vornherein den richtigen Namen „*Bhûta*-Verehrung" erhielt, womit der Versuch bezeichnet wird, sich mit dem Teufel oder den astralen Überbleibseln verstorbener Menschen in Verbindung zu setzen. Diese Bezeichnung wäre auch im Westen die richtige, denn durch die angewandten Praktiken werden die groben, teuflischen oder irdischen Attribute des Menschen aktiviert und angerufen, wodurch die Verbindung zu ihnen hergestellt wird. Die Tatsachen, die in der jahrzehntelangen Geschichte des Spiritismus in Amerika aufgezeichnet wurden, bedürfen einer kurzen

Untersuchung. Die theosophische Erklärung der spiritistischen Phänomene und die daraus resultierenden Schlussfolgerungen unterscheiden sich völlig von der Sichtweise des Durchschnittsspiritisten. Dies verwundert nicht, denn wie spiritistischen Schriften zu entnehmen ist, wurde eine Philosophie, die diesen Namen verdient, nie entwickelt. Daher ist allein die Theosophie aufgrund ihrer zeitalteralten Lehren, die die unveränderbaren Naturgesetze wiedergeben, in der Lage, Erklärungen zu geben, Mängel aufzuzeigen, vor weitgehend unbekannten psychischen Gefahren aller Art zu warnen und, das Wichtigste von allem, Wege aufzuzeigen, die vor Gefahren schützen.

Hellsehen und Hellhören, Gedankenübertragung, Prophezeiungen, Träume und Visionen, Levitation, gespenstische Erscheinungen usw. sind seit Jahrtausenden bekannt. Daher beziehen sich auch die drängendsten Fragen zum Spiritismus auf den Umgang mit den Seelen Verstorbener und mit nicht klassifizierten Geistern, die hier nicht verkörpert sind, sondern anderen Sphären angehören. Auch die Frage der Materialisation von Formen in spiritistischen Sitzungen verdient einige Aufmerksamkeit. Zum Umgang mit Geistern gehören Trance-Sprechen, automatisches Schreiben auf Schiefertafeln und anderweitiges Schreiben, Stimmen in der Luft durch die physischen Stimmorgane des Mediums und der Niederschlag geschriebener Botschaften aus der Luft. Verkehren die Medien mit den Geistern der Toten? Nehmen unsere abgeschiedenen Freunde die verlassenen Zustände wahr, und kehren sie manchmal zurück, weil sie mit uns sprechen möchten?

Die Antworten hierauf wurden bereits teilweise in den früheren Kapiteln gegeben. Unsere Verstorbenen sehen uns hier nicht. Sie sind befreit von den Qualen, die ihnen ein solcher Anblick bescheren würde. Hin und wieder mag ein Medium mit reinem Gemüt und ohne Bezahlung in Trance zu dem Zustand gelangen, in dem sich eine abgeschiedene Seele befindet. Vielleicht behält es auch etwas von dem Gehörten und Gesehenen im Gedächtnis, aber dies ist sehr selten. Im Laufe von Jahrzehnten mag auch von Zeit zu Zeit ein hoher Menschengeist für einen Augenblick zurückkehren, um sich mit Hilfe von Fähigkeiten, die nur durch strenge Schulung erreicht werden können, mit Sterblichen in Verbindung zu setzen. Auch im Augenblick des Todes vermag die Seele mit einem Freund auf Erden zu sprechen, bevor das Tor zu den Lebenden endgültig geschlossen ist. Aber der größte Teil der angeblichen Mitteilungen, die Tag für Tag durch Medien erfolgen, stammt von den astralen, unintelligenten Überbleibseln der Verstorbenen. In vielen Fällen sind die Mitteilungen aber gänzlich erfunden, zusammengetragen oder das Ergebnis von Fantasien, die von dem Astralkörper stammen, der nur lose mit dem in Trance befindlichen Medium verbunden ist.

Der Theorie, die Geister der Verstorbenen würden mit uns verkehren, stehen ganz bestimmte Widersprüche entgegen. Einige davon sind:

1. Die Geister Verstorbener haben niemals die Wirkungsweise angegeben, die den Phänomenen zugrunde liegt, abgesehen von einigen Ausnahmen, die jedoch von der spiritistischen Gemeinschaft nicht anerkannt wurden, weil sie den theosophischen Standpunkt zum Ausdruck brachten. Gedankensysteme wie zum Beispiel die von A. J. Davis wären dadurch zerstört worden. Das ist der Grund, warum gerade die Ausnahmegeister in Ungnade fielen.

2. Die Geister Verstorbener widersprechen einander in ihren Angaben über das Leben nach dem Tod. Diese Unstimmigkeiten sind von verschiedener Art: Zum einen richten sie sich nach dem Medium, zum anderen geben sie die Ansichten wieder, zu denen sich die Verstorbenen zu Lebzeiten bekannt haben mögen. So geben zum Beispiel manche Geister Reinkarnation zu, während andere sie verwerfen.

3. In Bezug auf Geschichte, Anthropologie und andere wichtige Gebiete haben die Geister Verstorbener keine Entdeckungen mitgeteilt, sie sind also in dieser Beziehung weniger befähigt als lebende Menschen. Obgleich sie oft behaupten, Menschen zu sein, die älteren Kulturen angehört hätten, zeigen sie doch völlige Unwissenheit über deren Verhältnisse oder wiederholen wie automatisch bereits Bekanntes.

4. Seit 1840 oder 1800 konnten die Geister weder für die Phänomene noch für die Entwicklung der Mediumschaft eine vernünftige Erklärung geben. Berichten zufolge sollen große Philosophen durch Medien gesprochen haben, doch ihre Mitteilungen waren ohne jeden Wert und bestanden nur aus Gemeinplätzen.
5. Die Medien erleiden physischen und psychischen Schaden, werden des Betrugs beschuldigt und bei Täuschungsversuchen überführt, aber ihre geistigen Führer greifen nicht ein, um dies zu verhüten oder sie zu retten.
6. Es wird zugegeben, dass ihre Führer selbst zu Betrügereien und Täuschung auffordern.
7. Aus allem, was über die Geister Verstorbener berichtet wird, ist ganz klar ersichtlich, dass sich ihre Behauptungen mit dem Medium ändern. Gleiches gilt für die fortgeschrittensten Vertreter des Spiritismus.

Durch diese Beobachtungen und infolge weiteren Beweismaterials, das herangezogen werden könnte, wird der materialistisch orientierte Wissenschaftler in seinem Spott nur bestärkt. Der Theosoph muss jedoch daraus schließen, dass die Wesen, wenn überhaupt ein Verkehr mit ihnen stattfindet, keine menschlichen Geister sind.

Materialisationen einer Gestalt aus der Luft, die unabhängig von dem physischen Körper des Mediums stattfinden, sind eine Tatsache, es handelt sich dabei jedoch nicht um Geister. Eine Art, dieses Phänomen hervorzubringen, besteht, wie erklärt wurde, in der Anhäufung von elektrischen und magnetischen Partikeln zu einer Masse, auf die dann Materie gebracht wird, und hierauf wird ein Bild aus dem Astrallicht reflektiert. Das ist das ganze Kunststück. Es ist ebenso eine Täuschung wie das Gestalten einer Gesichtsmaske mit Hilfe von Musselin. Wie diese Materialisation aber zustande kommt, ist eine andere Sache. Die „Geister" können es nicht sagen, in den vorhergehenden Kapiteln wurde jedoch der Versuch unternommen, die Methoden und Hilfsmittel anzudeuten. Eine andere Methode hängt mit dem Gebrauch des Astralkörpers des lebenden Mediums zusammen.

In diesem Fall tritt die Astralform aus dem Medium heraus und zieht aus der Luft und den Körpern der Teilnehmer langsam materielle Partikel an, bis die Form schließlich sichtbar wird. Manchmal hat sie eine Ähnlichkeit mit dem Medium, sie kann aber auch ein völlig anderes Aussehen haben. Fast immer darf die Beleuchtung nur sehr schwach sein, denn eine starke Lichtquelle würde die Astralmaterie heftig stören und die Projektion sehr erschweren. Einige sogenannte Materialisationen sind hingegen nur leere Täuschungen, nichts als dünne Flächen von elektrischer und magnetischer Substanz, auf die Bilder aus dem Astrallicht reflektiert werden. Sie scheinen Gesichter von Verstorbenen darzustellen, sind aber nur bildhafte Täuschungen.

Wer die psychischen Phänomene in der Geschichte des Spiritismus verstehen möchte, sollte Folgendes wissen oder kennen:

1. Die Komplexität der Vererbung des Menschen: Der Mensch ist eine astrale, psychische und spirituelle Wesenheit, die mittels des Körpers, des Astralkörpers und der Seele bewusst ist, die denkt, fühlt und handelt.
2. Die Charakteristik des Gemütes, seine Funktionen und Kräfte; die Kräfte der Imagination sowie die Dauer und Wirkung von Eindrücken: Hier ist der Fortbestand sowohl des geringsten als auch des tiefsten Eindrucks von größter Bedeutung. Jeder Eindruck ruft in der individuellen Aura eines jeden Menschen ein Bild hervor. Hierdurch wird eine Verbindung zwischen den Auren von Freunden oder Verwandten hergestellt – seien es nun alte oder neue Freundschaften, nahe Verwandtschaften oder solche eines entfernten Grades –, die einem Hellseher sehr große Möglichkeiten eröffnen.
3. Die Charakteristik, Ausdehnung, Funktion und Kraft der inneren Astralorgane sowie die Fähigkeiten des Menschen, die die Begriffe Astralkörper und *Kâma* umschließen: Die Funktionen der inneren Astralorgane werden durch Trance oder Schlaf nicht an ihrer Tätigkeit gehindert; sie werden im Gegenteil gefördert, wenn sich das Medium in Trance befindet. Während des Trance-Zustandes besitzen sie aber keine Handlungsfreiheit, vielmehr werden sie durch die Gesamtheit der Gedanken der Séance-Teilnehmer oder von einem

dominierenden Willen geleitet. Ist zum Beispiel ein skeptischer Forscher anwesend, so kann seine Denkweise die Kräfte des Mediums durch einen Vorgang völlig lähmen, den ich in Ermangelung eines treffenden Ausdrucks in unserer Sprache einen „Gefrierprozess“ nennen möchte.

4. Das Schicksal des eigentlichen Menschen nach dem Tod; seinen Bewusstseinszustand, seine Fähigkeiten und sein Handeln; seine Beziehungen zu den Hinterbliebenen.

5. Das Zwischenglied von Körper und Gemüt, den Astralkörper: Er wird beim Tod abgeworfen und verbleibt bis zu seiner Auflösung im Astrallicht, während der eigentliche Mensch ins *Devachan* eintritt.

6. Die Existenz, Charakteristik und Funktion des Astrallichtes, seine Kräfte und seine Stellung als Bildergalerie in der Natur: Das Astrallicht enthält Bilder von allen Ereignissen, die wir je erlebt haben – und ebenso von jedem Gedanken –, bewahrt sie und spiegelt sie wider. Es durchdringt unseren Globus und die ihn umgebende Atmosphäre und überträgt Vibrationen fast augenblicklich, da seine Schnelligkeit weitaus größer ist als die von der Elektrizität bisher bekannte.

7. Die Existenz von Wesenheiten im Astrallicht: Diese Wesen haben keine Körper, die den unsrigen gleichen, sie sind auch nicht menschlich. Sie verfügen jedoch über eigene Kräfte und Fähigkeiten und eine Art von eigenem Bewusstsein. Hierzu gehören auch die Elementale oder Naturgeister, die in viele Grade oder Klassen unterteilt sind und die mit jedem Naturvorgang sowie mit jeder Regung des menschlichen Gemütes zu tun haben. Die Elementale operieren in den Séancen automatisch entsprechend ihren verschiedenen Klassen. Die eine Klasse erzeugt Bilder, die andere Töne, wieder andere depolarisieren Objekte für deren Apportation. Gemeinsam mit ihnen wirken in der Astralregion die sich ebenfalls dort aufhaltenden *seelenlosen* Menschen. Ihnen ist unter anderem das Phänomen der „Stimmen in der Luft“ zuzuschreiben, die stets wie Stimmen in einem Fass klingen, weil sie in einer Luftleere ge-

bildet werden, was für derart ungeistige Wesen absolut nötig ist. Die sonderbare Klangfarbe dieser Stimmen wurde von den Spiritisten als unwichtig betrachtet, ist aber aus der Sicht des Okkultismus außerordentlich bezeichnend.

8. Die Existenz und das Wirken verborgener Gesetze und Kräfte in der Natur, die zur Erzeugung phänomenaler Erscheinungen auf unserer Ebene benutzt werden können: Die Gesetze und Kräfte können von einem Menschen unbewusst und von den Elementalen entweder bewusst oder unbewusst in Tätigkeit gesetzt werden. Viele der okkulten Vorgänge laufen auf dieselbe Weise automatisch ab wie das Gefrieren des Wassers bei Kälte oder das Schmelzen des Eises bei Wärme.

9. Den Astralkörper des Mediums, der von gleicher Natur ist wie die Astralsubstanz: Der Astralkörper kann aus dem physischen Körper heraustreten und getrennt von ihm handeln. Zudem kann er jedes seiner Glieder, zum Beispiel eine Hand, einen Fuß oder einen Arm, zeitweise ausstrecken, um Objekte zu bewegen, Briefe zu schreiben oder den Körper eines Teilnehmers zu berühren. Außerdem kann der Astralkörper geeigneter Personen dazu gebracht werden, Empfindungen wahrzunehmen, die, auf ihr Gehirn übertragen, sie annehmen lassen, ihr Körper sei von außen her berührt worden oder ein Ton sei erklungen.

Die Mediumschaft ist voller Gefahren, weil sich der astrale Teil des Menschen gegenwärtig nur dann in normaler Funktion befindet, wenn er mit dem Körper verbunden ist. In späteren Zeiten wird er sich aber wieder außerhalb des Körpers normal betätigen, wie es in der fernen Vergangenheit bereits der Fall war. Wer ein Medium werden will, muss wissen, dass nicht nur eine physiologische Desorganisation stattfindet, auch das Nervensystem wird desorganisiert, weil in der Regel nur durch ein defektes Nervensystem eine Verbindung zwischen den beiden Welten hergestellt werden kann. In dem Moment, in dem das Tor geöffnet wird, stürmen sofort alle unbekannten Kräfte herein, und da uns der niedere, persönliche Teil unserer Natur näher steht als der höhere, ist es auch die rohe Kraftseite, die ein Medium am meisten beeinflusst. Die niedere Natur eines Mediums wird auch deshalb zuerst beeinflusst und entflammt, weil die benutzten Kräfte aus diesem Teil seiner Konstitution stammen. Das Medium ist dann den üblen Gedanken aller Menschen ausgesetzt und dem Einfluss der Schatten im *Kâma-loka* unterworfen. Erfolgt die Ausübung der Mediumschaft zudem auch noch gegen Bezahlung, so ist eine weitere Gefahr vorhanden, denn die Ausübung von Fähigkeiten, die die spirituelle und die astrale Welt einbeziehen, darf nicht für Geld verkauft werden, weil geistiges Gut und die Anwendung medialer Kräfte nicht mit Geld entlohnt werden können. Dies ist die große Krankheit des amerikanischen Spiritismus, die seine ganze Geschichte durchseucht und degradiert hat. Solange sie nicht ausgerottet ist, wird von den vielfältig angewandten Praktiken nichts Gutes kommen. Wer Wahrheit aus der anderen Welt erfahren will, muss sich selbst der Wahrheit widmen und alle finanziellen Betrachtungen außer Acht lassen.

Der Versuch, psychische Kräfte nur aus Neugierde oder zu egoistischen Zwecken zu entwickeln, ist ebenso gefährlich wie die Mediumschaft selbst. Da die heutige Gesellschaft zum großen Teil selbstsüchtig und im Wesentlichen auf persönliche Ziele ausgerichtet ist, wurden die Schlüssel für die rechte Entwicklung dieser Kräfte nicht veröffentlicht. Die Mahâtmans der Weisheit haben vielmehr erklärt, dass zunächst Kenntnisse über Philosophie und Ethik erworben und praktisch angewandt werden müssen, bevor an eine unpersönliche Betätigung auf dem psychischen Gebiet gedacht werden darf. Die Verurteilung der ausufernden Mediumschaft findet ihre hinreichende Begründung in der Geschichte des Spiritismus in alter und neuer Zeit. Es ist die lange Geschichte vom Ruin der Medien in jeder Hinsicht.

Ebenso gefährlich sind die Methoden angewandter Hypnose, die selbst in wissenschaftlichen Kreisen ohne die nötige Kenntnis der wahren Natur des Menschen praktiziert werden. Es werden hypnotische Experimente durchgeführt, durch die die Versuchsobjekte für ihr ganzes Leben geschädigt werden können. In allgemeinen Sitzungen oder während öffentlicher Vorführungen werden die Hypnotisierten meist ohne ihr Wissen in entehrende Situationen gebracht und tragen nicht selten zur Befriedigung der Experimentatoren bei. Die Hypnotisierten führen befohlene Handlungen aus, zu denen sie sich unter normalen Umständen niemals hergeben würden. Aus diesem Grund führen die Mahâtmans, die völlige Kenntnis über die psychische Welt, ihre Bewohner und ihre Gesetze haben, eine Reform der Moral, der Ethik und der Philosophie durch, um den seltsamen und verführerischen Phänomenen, die durch die inneren Kräfte des Menschen möglich sind, entgegenzuwirken.

Gegenwärtig* ist der Zyklus für dieses Jahrhundert fast beendet. Wie ein Jahrhundert zuvor beginnen auch jetzt die Kräfte abzuebben. Daher gehen auch die Phänomene des Spiritismus zahlenmäßig zurück, und ihre Vielfalt nimmt ab. Es besteht daher die große Hoffnung, dass sich der Westen bis zum Eintritt der nächsten Kräfteflut eine gesicherte Erkenntnis über die wahre Philosophie erworben hat, in die Mensch und Natur eingebunden sind, und dass er dann so weit ist, dass weitere Schleier gelüftet werden können. Dieses Buch wurde geschrieben, um dem Fortschritt der Menschheit in der angegebenen Richtung Impulse zu geben; und mit dem Wunsch, dass es diesem Zweck dienen möge, wird es den Lesern in jedem Teil der Welt unterbreitet.

* Geschrieben Ende des 19. Jahrhunderts, gilt heute ebenfalls (d. Ü.).

Anhang

Aphorismen über Karman

Die folgenden „Aphorismen über Karman“ befinden sich gemäß den Aussagen von Judges Lehrern, zu denen auch H. P. Blavatsky gehörte, in Manuskripten, die der Allgemeinheit unserer Zeit nicht zugänglich sind.

Judge schrieb sinngemäß: „Sie wurden meiner Beurteilung unterstellt. Und so, wie ich sie ernsthaft und vernunftgemäß überprüft habe, sie gutheißen und anerkennen musste, gebe ich sie weiter, damit sie geprüft und gutgeheißen werden mögen.“

Aus Erlebtem zu lernen und die Möglichkeiten wahrzunehmen, die in diesem Gesetz aller Gesetze – Karman* – enthalten sind, ist eine große und sinngebende Herausforderung. Karman bedeutet absolute Gerechtigkeit. Kein menschlicher Geist kann ihre universale Tragweite in ihren Festen erschüttern.

Der Herausgeber

---

* Sanskritwörter werden in diesem Buch generell in ihrer Wurzelform, in der sie auch in Sanskritwörterbüchern erscheinen, verwendet. Bei „Karman“ wird in diesem Buch eine Ausnahme gemacht: Die Wurzelform „Karman“ wird speziell für den kosmischen Aspekt und die Gesetzmäßigkeit von Karman verwendet, während die Nominativform „Karma“ für das persönliche oder individuelle Karma einer Wesenheit im Sinne der konkreten Wirkungen vergangener Ursachen stehen soll.

Aphorismen über Karman

· 1 ·

Es gibt kein Karma ohne eine Wesenheit, die es geschaffen hat oder die seine Wirkungen spürt.

· 2 ·

Karman ist das Abstimmen von Wirkungen, die Ursachen entspringen. Dabei erfährt die Wesenheit Freude oder Schmerz.

· 3 ·

Karman ist die unbeirrbare und unfehlbare Kraft im Universum, die das Gleichgewicht wiederherstellt, und sie ist unaufhörlich tätig.

· 4 ·

Das scheinbare Ausbleiben der Wiederherstellung des Gleichgewichts beruht auf dem notwendigen Ausgleich von Störungen an anderer Stelle oder an einem anderen Brennpunkt, der nur für einen Weisen oder für jene sichtbar ist, deren inneres Sehen geöffnet ist. Es gibt nichts, was Karman hemmt, aber sein Wirken kann verborgen sein.

· 5 ·

Karman wirkt auf alle Dinge und Wesen, vom kleinsten Atom bis hinauf zu Brahmâ. Es herrscht über die drei Welten der Menschen, der Götter und der Elementale, und es gibt keinen Punkt im manifestierten Universum, der frei von seinem Einfluss ist.

· 6 ·

Karman ist nicht der Zeit unterworfen, daher erkennt derjenige Karman, der die grundlegende Teilung der Zeit in diesem Universum kennt.

· 7 ·

Für alle anderen ist Karman in seinem innersten Wesen unbekannt und unerkennbar.

· 8 ·

Aber seine Tätigkeit kann erkannt werden, indem von einer Ursache auf deren Wirkung geschlossen wird; und das ist möglich, weil eine Wirkung gänzlich in ihrer Ursache enthalten ist und ihr nicht erst nachfolgt.

· 9 ·

Das Karma unserer Erde ist die Frucht der Gedanken und Handlungen aller Wesen aller Stufen, die miteinander verbunden waren im vorhergehenden Manvantara oder Evolutionsstrom, aus dem der unsrige seinen Ursprung herleitet.

· 10 ·

Wenn das Karma der Erde und ihrer Rassen seinen Anfang in einer verflossenen Periode hat, die zu weit entfernt ist, um von den Gedanken der Menschen erreicht zu werden, dann ist es nutzlos und eitel, nach seinem Anfang zu suchen.

· 11 ·

Sind karmische Ursachen einmal in Tätigkeit versetzt, müssen sie so lange fortdauern, bis ihre Kraft erschöpft ist. Doch berechtigt dies niemanden, seine Hilfe einem Mitmenschen, der in Not geraten ist, oder irgendeinem anderen fühlenden Wesen zu verweigern.

· 12 ·

Wirkungen können aufgehoben oder abgeschwächt werden durch die Gedanken oder Handlungen des Menschen. Die hieraus resultierenden Wirkungen sind die Frucht der gebündelten Kraft all der Ursachen, die zum Zustandekommen der Wirkungen beigetragen haben.

· 13 ·

Ohne ein geeignetes Vehikel kann Karman weder in dem Leben von Welten, Rassen oder Nationen noch in dem irgendwelcher Wesen wirken.

· 14 ·

Bis solch ein passendes Vehikel gefunden ist, bleibt das damit verbundene Karma latent (unausgewickelt) erhalten.

· 15 ·

Während das Ego in seinem entsprechenden Vehikel Karma erfährt, bleibt der übrige Vorrat an Karma latent und wird aufbewahrt für zukünftige Tätigkeit. Und während des Zeitverlaufs, in dem keine Wirkung dieses Karmas verspürt wird, erfährt die Kraft Karmans weder eine Verminderung noch wird sie verändert.

· 16 ·

Die Eignung eines Vehikels für die Wirkung von Karma beruht auf der exakten Verbindung und Beziehung zwischen dem Karma und dem Körper, dem Gemüt sowie der intellektuellen und psychischen Natur, die sich das Ego in vorhergehenden Leben erworben hat.

· 17 ·

Jedes Vehikel, das von dem Ego in irgendeinem Leben benutzt wird, ist abgestimmt auf das Karma, das durch es wirkt.

· 18 ·

Das Vehikel kann während der Lebenszeit Veränderungen unterworfen sein, sodass es für ein neues Karmabündel passend wird. Dies kann durch natürliche Veränderungen geschehen, die auf dem vollständigen Ausgleich früherer Ursachen beruhen.

· 19 ·

Da Körper, Gemüt und Seele alle unabhängig voneinander zu handeln vermögen, kann jedes von diesen, unabhängig von den anderen, einige karmische Ursachen erschöpfen, die ihrem Ursprung nach länger oder kürzer zurückliegen können als die Ursachen, die durch die jeweils anderen Vehikel wirken.

· 20 ·

Karman ist mitleidsvoll und gerecht. Mitleid und Gerechtigkeit sind nur die beiden Pole eines einzigen Ganzen; und Mitleid ohne Gerechtigkeit ist in den Tätigkeiten Karmans nicht möglich. Das, was der Mensch Mitleid und Gerechtigkeit nennt, ist unzulänglich, irrig und verfälscht.

· 21 ·

Karma kann von drei Arten sein:
a) das, was gegenwärtig in diesem Leben durch die geeigneten Vehikel wirksam ist; b) das, was gerade verursacht oder angehäuft wird, um in der Zukunft erschöpft zu werden; c) das Karma, das aus einem vergangenen Leben oder aus vergangenen Leben übrig geblieben und noch nicht wirksam ist, weil es durch die mangelnde Eignung des gerade vom Ego benutzten Vehikels oder durch die Kraft des gerade wirkenden Karmas zurückgehalten wird.

· 22 ·

In jedem Wesen nutzt Karman drei Wirkungsfelder:
a) den Körper und die Begleitumstände; b) das Gemüt und den Intellekt; c) die psychischen und astralen Ebenen.

· 23 ·

Übrig gebliebenes und gegenwärtiges Karma können jeweils einzeln oder beide zugleich in allen drei Feldern karmischer Tätigkeit gleichzeitig wirksam sein, oder es kann zu gleicher Zeit in jedem dieser Felder eine andere Klasse von Karma wirken.

· 24 ·

Die Geburt in irgendeine Art von Körper, verbunden mit dem Ernten der Früchte irgendeiner Art von Karma, ist eine Folge des Überwiegens der entsprechenden Richtung karmischer Tendenz.

· 25 ·

Der Einfluss der karmischen Tendenz wird sich auf die Inkarnation eines Egos oder einer Familie von Egos mindestens drei Leben lang auswirken, wenn keine Maßnahmen der Unterdrückung, der Ausschaltung oder der Gegenwirkung ergriffen werden.

· 26 ·

Maßnahmen, die von einem Ego ergriffen werden, um die Tendenz zu unterdrücken, Fehler auszumerzen und ihnen durch das Schaffen anderer Ursachen entgegenzuwirken, werden die Herrschaft der karmischen Tendenz ändern und ihren Einfluss verkürzen, abhängig von der Stärke oder Schwäche der Anstrengungen beim Ausführen der gewählten Maßnahmen.

· 27 ·

Außer einem Weisen oder einem wahren Seher kann kein Mensch über das Karma eines anderen urteilen. Daher kann, obwohl jeder seinen verdienten Lohn erhält, der äußere Schein täuschen, und eine Geburt in Armut oder schwere Prüfungen müssen nicht Bestrafung für schlechtes Karma sein, denn Egos inkarnieren fortwährend in schlechte Verhältnisse, in denen sie Schwierigkeiten und Prüfungen erfahren, die der Schulung des Egos dienen und zu Willensstärke, innerer Kraft und Mitgefühl führen.

· 28 ·

Rassen-Karma beeinflusst jede Einheit in der Rasse aufgrund des Gesetzes der Zuteilung oder Verteilung. Nationalkarma wirkt auf die Mitglieder der Nation durch dasselbe Gesetz, nur konzentrierter.

Familienkarma regiert nur in einer Nation, in der die Familien rein und getrennt gehalten werden; denn in jeder Nation, in der es eine Vermischung der Familien gibt – wie es in jeder Kali-Yuga-Periode üblich ist –, ist das Familienkarma allgemein über die Nation verteilt. Doch selbst in solchen Perioden bleiben einige Familien für lange Zeit zusammen, und dann fühlen die Mitglieder den Einfluss des Familienkarmas. Das Wort „Familie" kann verschiedene kleinere Familien mit einbeziehen.

· 29 ·

Um Naturkataklysmen hervorzubringen, wirkt Karman durch eine Verkettung über die mentalen und astralen Ebenen des Seins. Ein Kataklysmus kann auf eine unmittelbare physikalische Ursache wie ein inneres Feuer oder eine atmosphärische Störung zurückgeführt werden, aber diese werden durch eine Störung hervorgerufen, die durch die dynamische Kraft menschlichen Denkens verursacht wurde.

· 30 ·

Egos, die keine karmische Verbindung mit einem Teil des Globus haben, in dem sich ein Kataklysmus ereignet, werden auf zwei Arten außerhalb seiner Wirkung gehalten: a) durch Abstoßung, die auf ihre innere Natur wirkt, und b) dadurch, dass sie von denen, die über den Fortschritt der Welt wachen, gerufen und gewarnt werden.

Anhang

Was ist Theosophie?

Das Wort Theosophie stammt aus dem Griechischen und bedeutet „Weisheit der Götter“ oder „Göttliche Weisheit“, ebenso wie Theogonie „Genealogie der Götter“ bedeutet. Daher kann Theosophie nicht mit „Weisheit von Gott“ übersetzt werden, was vielfach fälschlicherweise getan wird, sondern nur mit „göttliche Weisheit“. Die Bezeichnung ist archaischen Ursprungs. Als Weisheitsreligion oder -philosophie kann die Theosophie daher auf eine lange Geschichte zurückblicken.

In ihrer praktischen Verwirklichung ist die Theosophie eine rein *göttliche* Ethik. Sie bezieht sich nicht auf einen anthropomorphisierten, persönlichen Gott, sondern auf *göttliche Wesen:* auf Wesenheiten, die dem Menschen in ihrer Evolution vorausgehen und folglich ihre höheren, geistigen Fähigkeiten und Kräfte wesentlich weiter entwickelt haben, als es dem heutigen Menschen bisher gelungen ist.

Theosophie gibt eine zutiefst befriedigende Erklärung auf die Frage nach dem Sinn des Lebens. Sie kann zu Recht auch Philosophie genannt werden, denn sie liefert dem Verstand Erklärungen für die mannigfaltigen Erscheinungen des Lebens, die wir um uns herum beobachten können. Sie umfasst das Wissen über die ineinandergreifenden ursächlichen Lebenszusammenhänge auf allen Ebenen kosmischen und irdischen Daseins. Ebenso ist sie Wissenschaft, die auf jedes Phänomen der physischen Welt angewandt werden kann. Sie vereint die drei wichtigsten Denkmöglichkeiten des Menschen: Philosophie, Religion und Wissenschaft. Theosophie bildet daher die Grundlage für wahre Ethik, und sie beinhaltet die Ausübung von Pflichten gegenüber Mensch und Natur.

Diese Weisheitsreligion oder Theosophie wurde seit Menschengedenken gelehrt und immer wieder auf ihren Wahrheitsgehalt hin überprüft. In jedem Zeitalter war sie zudem der Keimboden für verschiedene öffentliche Lehren, die einige ihrer Grundprinzipien in vereinfachter Ausdrucksweise zeitgemäß darstellen. Nahezu alle großen Weltreligionen und -philosophien sind auf diese Weise entstanden und zeigen entsprechende Gemeinsamkeiten auf. Die Neuplatoniker zum Beispiel, die in den ersten Jahrhunderten unserer Zeitrechnung das platonische Denken noch einmal zur Blüte brachten, nannten sich unter anderem auch Theosophen. Gleiches gilt für die mittelalterlichen Alchimisten, die in vieler Hinsicht die Vorläufer unserer heutigen Naturwissenschaftler waren, sowie für große mittelalterliche Denker wie Giordano Bruno, Jakob Böhme oder Louis Claude de Saint-Martin.

Die Weisheit bleibt immer dieselbe. Sie birgt das Letzte, was menschlicher Erkenntnis zugänglich ist, und daher wurde sie stets sorgfältig gehütet. Sie bestand schon lange vor der Alexandrinischen Schule, sie besteht heute und wird Zeitalter überdauern.

Jede alte Religion und jeder philosophische Kultus hatten eine esoterische (geheime) und eine exoterische (öffentliche) Lehre. Auch ist bekannt, dass jede Zeit und jedes Volk seine großen (geheimen) und kleinen (allen zugänglichen) Mysterien hatte, zum Beispiel die berühmten eleusinischen Feste in Griechenland.

Die Hierophanten von Griechenland und Ägypten, die eingeweihten indischen Brâhmaṇen, die späteren hebräischen Rabbis: alle hielten aus Angst vor Profanierung ihre tiefsten Erkenntnisse geheim. Die jüdischen Rabbis nannten ihre öffentlichen Religionsausübungen „Merkaba“ oder den äußeren Körper, die Hülle, die die Seele, die höchste Erkenntnis, verbirgt. Die Priester der alten Religionen haben der großen Masse nie ihre innersten philosophischen Erkenntnisse mitgeteilt, sie gaben ihr nur die Schalen.

Der nördliche Buddhismus unterscheidet zwischen dem größeren und dem kleineren Fahrzeug: zwischen Mahâyâna, der esoterischen, und Hînayâna, der exoterischen Schule. Pythagoras nannte seine Gnosis „die Kenntnis von den Dingen, die sind“, oder η γνωσις των οντων, und übermittelte diese Erkenntnis nur seinen vereidigten Schülern, denn nur sie waren wirklich imstande, diese Nahrung zu verdauen und ihren Wert zu erkennen. Er verpflichtete seine Schüler zum Schweigen. Die alten ägyptischen Schriften verwendeten ein geheimes Alphabet und geheime Zeichen, und nur Hierogrammatiker und eingeweihte Priester kannten den Schlüssel dazu.

Die Biographen des Ammonios Sakkas erzählen, dass er seine Schüler eidlich verpflichtet habe, die esoterischen Lehren nur denen mitzuteilen, die genügend vorbereitet und ihrerseits durch Eid gebunden waren. Bei den ersten Christen, den Gnostikern, in den christlichen Lehren finden wir Ähnliches. Christus sprach zum Volk in Gleichnissen, die eine zweifache Bedeutung hatten, und über die tiefsten Erkenntnisse sprach er nur mit seinen Jüngern. Aus allen Ländern sind ähnliche Hinweise zu erhalten.

Theosophie ist also kein neues System, wie es nur von Unwissenden behauptet werden kann. Sie ist so alt wie die Menschheit selbst.

Die Ziele der Theosophischen Gesellschaft

Die Ziele der Theosophischen Gesellschaft lauteten ursprünglich:

1. Bruderschaft unter den Menschen, ohne Unterscheidung von Rasse, Farbe, Religion oder sozialer Stellung.
2. Studium der alten Weltreligionen mit dem Ziel, sie zu vergleichen und die ihnen zugrunde liegende universale Ethik zu erkennen.
3. Studium und Entwicklung der latenten *göttlichen* Kräfte im Menschen.

1929 wurden sie von dem damaligen Präsidenten der Gesellschaft, Prof. Dr. Gottfried von Purucker, wie folgt erweitert:

1. Unter den Menschen die Kenntnis der im Weltall waltenden Gesetze zu verbreiten.
2. Zu lehren, dass alles Sein dem inneren Wesen nach EINS ist, und zu beweisen, dass diese Einheit der Natur zugrunde liegt.

3. Eine tätige Bruderschaft unter den Menschen zu bilden.
4. Alte und moderne Religion, Wissenschaft und Philosophie zu studieren.
5. Die dem Menschen innewohnenden Kräfte zu erforschen.

Die drei fundamentalen Lehrsätze der Theosophie

Die Lehren der Theosophie gründen sich auf die Grundprinzipien und Wirkungsweisen der Natur. Sie resultieren aus den Erkenntnissen und Erfahrungen der großen Weisen des Menschengeschlechts, die der Menschheit in ihrer Evolution bereits weit vorausgegangen sind. Es sind ihre Lehren, die das überlieferte geistige Erbe der Menschheit bilden. Sie berücksichtigen die drei großen Denkrichtungen: Wissenschaft, Philosophie und Religion.

In ihrem Hauptwerk *Die Geheimlehre* stellt Helena Petrowna Blavatsky drei fundamentale Sätze auf, auf denen die Theosophie beruht (Bd. I, S. 42–46). Sie postuliert:

„1. Ein allgegenwärtiges, ewiges, grenzenloses und unveränderliches PRINZIP, über das gar keine Spekulation möglich ist, da es die Kraft menschlicher Vorstellung übersteigt und durch irgendwelche menschliche Ausdrucksweise oder Vergleich nur erniedrigt werden könnte. …

2. Die Ewigkeit des Weltalls *in toto* als einer grenzenlosen Sphäre, die periodisch ‚der Spielplatz ist von zahllosen unaufhörlich erscheinenden und verschwindenden Universen', den sogenannten ‚manifestierenden Sternen' und ‚den Funken der Ewigkeit'. …

3. Die fundamentale Identität aller Seelen mit der universellen Oberseele, welch Letztere selbst ein Aspekt der unbekannten Wurzel ist; und die Verpflichtung für jede Seele – einen Funken der vorgenannten –, den Zyklus von Inkarnation oder ‚Notwendigkeit' in Übereinstimmung mit zyklischem und karmischem Gesetz während seiner ganzen Dauer zu durchwandern."

Kosmologie und Anthropologie basieren auf fundamentalen Prinzipien der sowohl physischen als auch metaphysischen Natur. In dem anfang- und endlosen Universum ist alles Existierende, jede Wesenheit, in seiner fundamentalen Essenz mit dem kosmischen Bewusstsein verwandt und wird von ihm in allen seinen Teilen belebt und beseelt. Damit sind alle Lebewesen in einer unauflösbaren *Universalen Bruderschaft* miteinander verbunden.

*Hermann Knoblauch**

---

* Vgl. Hermann Knoblauch (Hrsg.): Lexikon der Geheimlehren. Hannover, 1997, S. 371–379.
Weitere Informationen zur Theosophie und zur Theosophischen Gesellschaft finden Sie unter www.Theosophische-Gesellschaft.de.

VERLAGSPROGRAMM

Gottfried von Purucker – „Die Esoterische Tradition“

Sichtbare und unsichtbare Welten

Die faszinierende Realität unsichtbarer Welten.

Paperback, 250 S., ISBN 978-3-924849-55-9

Der Mensch in der Unendlichkeit

Quelle und Ursprung unseres Lebens, Ziel der Evolution.

Hardcover, 348 S., ISBN 978-3-924849-34-4

Mit der Wissenschaft hinter die Schleier der Natur

Neue Dimensionen der Naturerkenntnis.

Hardcover, 354 S., ISBN 978-3-924849-35-1

Geburt und Wiedergeburt

Unumstößliche Gründe für die Wiedergeburt als Naturtatsache.

Hardcover, 293 S., ISBN 978-3-924849-36-8

Tod – was kommt danach?

Die inneren Zusammenhänge des Lebens. Der Tod als Tor zum Leben.

Paperback, 187 S., ISBN 978-3-924849-56-6
Hardcover, 191 S., ISBN 978-3-924849-57-3

Mysterienschulen und Lehren

Lebendiges Wissen aus den Quellen archaischer Weisheit.

Hardcover, 377 S., ISBN 978-3-924849-38-2

Gottfried von Purucker – „Die Esoterische Tradition“

Gottfried von Purucker

Spirituelles Erwachen

Das Leben besser verstehen – zu innerem Frieden gelangen.

Hardcover, 192 S., ISBN 978-3-924849-43-6

Wind des Geistes

Das spirituelle Fundament für den neuen Zeitgeist.

Hardcover, 236 S., ISBN 978-3-924849-48-1

Esoterische Philosophie – Wörterbuch

Der unentbehrliche Ratgeber für ursprüngliche Grenzwissenschaften

Hardcover, 288 S., ISBN 978-3-924849-40-5

Goldene Regeln der Esoterik

Eines der inspirierendsten Bücher für das tägliche Leben. Ein Meisterschlüssel!

Hardcover, 191 S., ISBN 978-3-924849-23-8

Fragen, die wir alle stellen: Eltern & Kind

Ursachen erkennen: Charakter, Vererbung, Behinderung, Tod – warum?

Hardcover, 191 S., ISBN 978-3-924849-42-9

Die Meister und der Pfad des Okkultismus

Helfer der Menschheit. Wer sind die großen Weisen?

ISBN 978-3-924849-03-0
Paperback, 92 S.

Verlag
Esoterische Philosophie
Hannover

VERLAGSPROGRAMM

H. P. Blavatsky

Lexikon der Geheimlehren

Epochales Basiswerk zur „Geheimlehre“ und zu „Isis Entschleiert“. Über 2600 Begriffe, umfassender Index.

Hardcover, 661 S., ISBN 978-3-924849-46-7

Judith Tyberg

Sanskṛit – Die Sprache der Götter

Sanskṛit-Lehrbuch: Über 500 Begriffe. Einführung in die Mysteriensprache und ihre Bedeutung.

JUBILÄUMSAUSGABE

Die Stimme der Stille

Ein einzigartiges Juwel. Für den Pfad, der nach Innen führt.

Paperback, 153 S., ISBN 978-3-924849-59-7
Hardcover, 153 S., ISBN 978-3-924849-60-3

Katherine Tingley

Helena Petrowna Blavatsky – Ein Genius verändert die Welt

Leben und Wirken H. P. Blavatskys.

Hardcover, 326 S., ISBN 978-3-924849-44-3

Edition Ursachenforschung – Wissenschaft hinterfragt

Vernetzt denken – die Zukunft gestalten!

Paperback, 113 S., 20 Abb.

Homo ethicus – Was können, was dürfen wir?

Paperback, 157 S., 20 Abb.

Alles lebt – es gibt nichts Totes

Paperback, 92 S., 29 Abb.

www.Esoterische-Philosophie.de

William Quan Judge

Die Bhagavad-Gîtâ

Schätze menschlicher Weisheit. Der Pfad der Unsterblichkeit.

Hardcover, 148 S., ISBN 978-3-924849-25-2

Studien über die Bhagavad-Gîtâ

Unentbehrlicher Kommentar! Tiefere Aspekte der Bhagavad-Gîtâ.

Hardcover, 252 S., ISBN 978-3-924849-26-9

Nils A. Amneus

Regiert Zufall oder Gerechtigkeit unser Leben?

Äußerst hilfreiche Antworten zu zentralen Lebensfragen.

Paperback, 151 S., ISBN 978-3-924849-06-1

Katherine Tingley

Der Pfad des Mystikers

Wie wir zu Frieden und innerer Harmonie gelangen können.

Hardcover, 166 S., ISBN 978-3-924849-27-6

Helena Petrowna Blavatsky

Unheinmliche Geschichten

Verborgene Gefahren der Astralwelten – aufschlussreich und fesselnd dargestellt.

Paperback, 174 S., ISBN 978-3-924849-54-2

Handbuch

Esoterische Philosophie – Einführung

Der ideale Einstieg. Das Leben besser verstehen.
Paperback, 92 S.

ISBN 978-3-924849-39-9

Verlag
Esoterische Philosophie
Hannover

Verlagsprogramm

Gottfried von Purucker

Grundlagen der Esoterischen Philosophie

Fundamente geheimer Überlieferungen.
Mensch – Natur – Kosmos.
Mit diesem Werk dringt Prof. Dr. Gottfried von Purucker in kaum bekannte Dimensionen der Naturerkenntnis vor. Es ist das bedeutendste Grundlagenwerk, das je in neuerer Zeit über die menschliche und kosmische Evolution geschrieben wurde. Der Autor beweist, dass die Natur von Leben und Bewusstsein durchdrungen ist. Einziger Kommentar zu „Die Geheimlehre" und „Isis Entschleiert".

Originalausgabe, 649 S., Hardcover, ISBN 978-3-924849-51-1

Helena Petrowna Blavatsky

Die Geheimlehre · Jubiläumsausgabe

H. P. Blavatskys epochales Basiswerk für ursprüngliche Grenzwissenschaft, Religion und Philosophie.
Band I, „**Kosmogenesis**", beschreibt den Prozess der Entstehung von Welten sowie ihre schöpferischen Kräfte. Band II, „**Anthropogenesis**", zeigt die zentrale Rolle des Menschen und seine geistige Evolution. Band III, „**Esoterik**", führt in die sichtbaren und unsichtbaren Bereiche von Mensch und Natur. Band IV, „**Index**", bietet über 100 000 Verweise.

4 Bände, zus. 2567 Seiten, Hardcover, 52 Abbildungen, ISBN 978-3-924849-51-1, www.Geheimlehre.de

Isis Entschleiert · Jubiläumsausgabe

Band I, „**Wissenschaft**": Ihrer Zeit weit voraus, dringt H. P. Blavatsky in die vernetzten Strukturen sichtbarer wie unsichtbarer Welten ein. Viele der von ihr vorweggenommenen Aussagen konnten bereits bestätigt werden. In Band II, „**Theologie**", entschlüsselt die Autorin christliche Lehren. Frei von allen einseitigen Dogmen führt dieses fundamentale Werk zurück an den Ursprung von Wissenschaft und Religion. **Erstmals ausführliches Literaturverzeichnis.**

2 Bände, 1616 S., Hardcover, ISBN 978-3-924849-52-8

www.Esoterische-Philosophie.de